SELBST- VERTRAUEN GEWINNEN

IN 5 SCHRITTEN

HALLO
ICH HEISSE
SELBSTVERTRAUEN

HALLO
FREUNDLICHKEIT
ICH HEISSE

HALLO
MUT
ICH HEISSE

HALLO
FREIHEIT
ICH HEISSE

HALLO
INNERE RUHE
ICH HEISSE

HALLO
RESILIENZ
ICH HEISSE

HALLO
OFFENHEIT
ICH HEISSE

HALLO
DANKBARKEIT
ICH HEISSE

HALLO
STÄRKE
ICH HEISSE

HALLO
KREATIVITÄT
ICH HEISSE

HALLO
GROSSZÜGIGKEIT
ICH HEISSE

HALLO
GLÜCK
ICH HEISSE

HALLO
MITGEFÜHL
ICH HEISSE

SELBST-VERTRAUEN GEWINNEN

IN 5 SCHRITTEN

Das Workbook, um Zweifel und Ängste
zu überwinden

Barbara Markway und Celia Ampel

Aus dem Englischen von Anja Lerz

Ist dies das richtige Buch für Sie? Kreuzen Sie diejenigen Aussagen an, die auf Sie häufig zutreffen:

☐ Behalten Sie Ihre Gedanken für sich, weil Sie annehmen, dass Sie nichts Wichtiges zu sagen haben?

☐ Wenn Sie nicht ganz sicher sind, ob Sie eine bestimmte Aufgabe schaffen, denken Sie dann: »Warum sollte ich mir die Mühe überhaupt machen?«

☐ Meiden Sie Gespräche mit anderen Menschen, weil Sie befürchten, Ihnen würde nichts einfallen oder Sie könnten unbeholfen wirken?

☐ Stellen Sie sich regelmäßig selbst infrage?

☐ Entschuldigen Sie sich ausführlich, obwohl Sie gar nichts falsch gemacht haben?

☐ Meiden Sie Risiken, weil Sie Angst haben, Sie könnten versagen?

☐ Grübeln Sie lange über Ihre Fehler nach, wenn Sie das Gefühl haben, Sie hätten nicht »gut abgeliefert«?

☐ Geben Sie schnell auf?

☐ Sagt Ihnen Ihre innere Stimme: »Ich bin nicht gut genug, ich schaffe das nicht«?

☐ Gehen Sie manche Ziele und Träume gar nicht erst an, weil Sie Angst und Selbstzweifel haben?

Wenn Sie mehrere Kästchen angekreuzt haben, lesen Sie weiter. Sie werden erprobte Strategien kennenlernen, die Ihnen helfen, mehr Selbstvertrauen zu entwickeln.

HALLO
ICH HEISSE
FREUNDLICHKEIT

HALLO
SELBSTVERTRAUEN
ICH HEISSE

HALLO
MUT
ICH HEISSE

HALLO
INNERE RUHE
ICH HEISSE

HALLO
FREIHEIT
ICH HEISSE

HALLO
RESILIENZ
ICH HEISSE

HALLO
OFFENHEIT
ICH HEISSE

HALLO
DANKBARKEIT
ICH HEISSE

HALLO
STÄRKE
ICH HEISSE

HALLO
GROSSZÜGIGKEIT
ICH HEISSE

HALLO
KREATIVITÄT
ICH HEISSE

HALLO
GLÜCK
ICH HEISSE

HALLO
MITGEFÜHL
ICH HEISSE

An Sie, die Leserinnen und Leser:

Mögen Sie das Selbstvertrauen haben, sich zu
zeigen und Ihre Stimme zu erheben.

Die Welt braucht Ihre Gaben.

HALLO
SELBSTVERTRAUEN
ICH HEISSE

HALLO
FREUNDLICHKEIT
ICH HEISSE

HALL
MUT
ICH HEISSE

HALLO
FREIHEIT
ICH HEISSE

HALLO
INNERE RUHE
ICH HEISSE

HALLO
RESILIENZ
ICH HEISSE

HALLO
OFFENHEIT
ICH HEISSE

HAL
DANKBARKEIT
ICH HEISSE

HALLO
STÄRKE
ICH HEISSE

HALLO
GROSSZÜGIGKEIT
ICH HEISSE

HALLO
KREATIVITÄT
ICH HEISSE

HALLO
GLÜCK
ICH HEISSE

HALLO
MITGEFÜHL
ICH HEISSE

INHALT

VORWORT

UNTERSUCHUNGEN HABEN GEZEIGT, dass Selbstvertrauen mit fast allem zu tun hat, was wir uns im Leben wünschen: Erfolg im Beruf, erfüllende Beziehungen, eine positive Selbstwahrnehmung und Glück. Was aber ist Selbstvertrauen? Warum wirkt das so geheimnisvoll? Warum kommt es uns so vor, als verfügten andere über Selbstvertrauen, wir aber nicht?

Bei meiner Arbeit als Psychologin entpuppt sich mangelndes Selbstvertrauen häufig als kleinster gemeinsamer Nenner, ganz egal, mit welchem Problem die Menschen zu mir kommen. Beispielsweise habe ich mit einem jungen Mann gearbeitet, der unter Einsamkeit litt, sich aber nicht traute, sich mit Menschen zu verabreden. Er empfand sich nicht als attraktiv oder interessant oder unterhaltsam genug. Eine andere Klientin war eine erfolgreiche Geschäftsfrau, die unter einem schweren Burn-out litt. Sie übernahm zu viele Projekte, konnte Aufgaben nicht gut an andere delegieren und neigte zu Perfektionismus. Doch im Stillen hielt sie sich für eine Hochstaplerin und überarbeitete sich, um dies zu kompensieren. Im Grunde mangelte es diesen beiden Personen an Selbstvertrauen.

Meine Klienten sagen normalerweise: »Weil mir das nötige Selbstvertrauen fehlt, könnte ich nie ... (bitte gewünschtes Ziel ergänzen).« Können Sie das nachvollziehen? Nur wenige lernen, wie Selbstvertrauen wirklich funktioniert. Wir begreifen es verkehrt herum: Wir glauben, wir müssten warten, bis wir uns selbstbewusst fühlen, ehe wir uns selbstbewusst verhalten können. Deshalb freue ich mich so, dass Sie nun dieses Buch in Händen halten. Endlich werden Sie die Wahrheit über Selbstvertrauen erfahren: Was das ist, woher es kommt und wie man die Spielregeln rund um das Selbstvertrauen meistert. Unabhängig von Ihrer Persönlichkeit oder Ihrer Lebenssituation wird Ihnen dieses Arbeitsbuch zeigen, wie Sie aus der Passivität herauskommen und Ihre Ziele aktiv anstreben.

Als Therapeutin freue ich mich auch über dieses Buch als Hilfsmittel für meine Arbeit. Meinen Klienten gebe ich regelmäßig »Hausaufgaben« auf, die aus Lesen und Aktivitäten im Freien bestehen. *Selbstvertrauen gewinnen in 5 Schritten* füllt hier eine wichtige Lücke. Das Buch basiert auf den aktuellen Fortschritten der Kognitiven Verhaltenstherapie und der Akzeptanz-und-Commitment-Therapie (ACT, gesprochen wie das englische Wort *act*) und ist dabei leserfreundlich, indem es die benötigten Fertigkeiten in kleinen, leicht verarbeitbaren Einheiten vorstellt. Jedes Kapitel enthält wertvolle Übungen und lebenspraktische Handlungsempfehlungen. Das Buch basiert zwar auf wissenschaftlichen Erkenntnissen, enthält aber trotzdem keine Fachsprache oder langatmige Erklärungen über theoretische Hintergründe.

Dr. Barbara Markway lernte ich vor über 20 Jahren an der St. Louis University School of Medicine kennen, wo wir beide am Anxiety Disorders Center (Institut für Angststörungen) tätig waren. Ich war Psychologin, sie Postdoktorandin, die eine weiterführende Ausbildung in Kognitiver Verhaltenstherapie abschloss. Sie war nicht nur eine begabte und zugewandte Therapeutin, auch das Schreiben lag ihr am Herzen. Geschickt fasste sie wissenschaftliche Informationen in allgemein verständliche Worte, um auch über ihre Arbeit in der Praxis hinaus Menschen zu helfen.

Während ihrer Zeit am Institut für Angststörungen verfassten sie und ich gemeinsam mit Dr. Alec Pollard und Dr. Cheryl Carmin ein Buch über den Umgang mit sozialen Ängsten mit dem Titel *Dying of Embarrassment: Help for Social Anxiety and Phobia*. Danach schrieb Dr. Markway noch zwei weitere Bücher für Menschen, die unter Schüchternheit und sozialen Ängsten leiden, *Frei von Angst und Schüchternheit: Soziale Ängste besiegen – ein Selbsthilfeprogramm* und *Kinderängste* und *Schüchternheit überwinden: Ein Praxisratgeber für Eltern*. Neben ihrem Schreiben war sie weiterhin in ganz unterschiedlichem Rahmen als Therapeutin tätig, etwa in psychiatrischen Ambulanzen oder in privaten Praxen.

Dr. Markway hat Tausenden Menschen geholfen, selbstsicherer zu werden und Dinge zu erreichen, die sie nicht für möglich gehalten hätten. Ich kann mir keine bessere Begleiterin auf Ihrem Weg zu mehr Selbstvertrauen vorstellen.

Alles Gute auf dieser Reise.

Teresa Flynn, PhD
Psychologin und Autorin
Außerordentliche Professorin für Psychologie an der Washington University, St. Louis, Missouri

EINFÜHRUNG

ICH MUSS ETWAS GESTEHEN. Sollte ich mich selbst beschreiben, würde ich Wörter wie *kreativ, freundlich, zäh* und *fleißig* benutzen. Aber *selbstsicher* würde es wahrscheinlich nicht einmal in die Top Ten schaffen. Das liegt daran, dass ich früher, wenn ich an das Thema Selbstvertrauen dachte, eine auffällige, kühne Person vor Augen hatte, und das bin ich definitiv nicht. Inzwischen weiß ich, dass Selbstvertrauen nicht als etwas Auffälliges in Erscheinung treten muss. Tatsächlich hat Selbstvertrauen sehr viel mehr mit innerer Entschlossenheit zu tun als mit äußerlich sichtbarem Draufgängertum.

Heute verfüge ich über ein gesundes Selbstbewusstsein, aber das war nicht immer so. Ich wuchs als schüchternes, ängstliches Kind auf, das außer mit engen Freunden und der Familie mit kaum jemandem sprach. Obwohl ich klug war, hob ich in der Schule nie die Hand, um eine Frage zu beantworten. Ich traute mich sogar nicht einmal zu fragen, ob ich auf die Toilette dürfte. In der Highschool verkündete mein Mathelehrer der ganzen Klasse, dass ich die stillste Schülerin war, die er in seinem gesamten Berufsleben je unterrichtet hatte. Ich schämte mich in Grund und Boden. Alle drehten sich nach mir um, und ich spürte, wie mir die Röte ins Gesicht stieg. Später ging ich aufs College und schrieb weiter gute Noten, verabredete mich aber nie mit jemandem und hatte kein nennenswertes Sozialleben. Ich interessierte mich schon immer für Psychologie, auch weil ich versuchte, mich selbst zu verstehen. Warum war ich so schüchtern und still? Warum kam ich einfach nicht aus meinem Schneckenhaus heraus? Warum konnte ich nicht einfach ich selbst sein? Schließlich landete ich an der Graduate School, wo ich Klinische Psychologie studierte und promovierte.

Nebenbei nahm ich sehr viel Psychotherapie in Anspruch, was sich als ausgesprochen hilfreich erwies. Ich lernte, meine Meinung zu sagen. Ich lernte, dass meine Meinung etwas galt. Und ich lernte, dass es in Ordnung war, sich zu irren. Ich brachte sogar den Mut auf, einen Mann zu einem Date einzuladen – ich bin mit ihm inzwischen seit fast dreißig Jahren verheiratet. Irgendwo, irgendwann bin ich dabei selbstbewusst geworden – ich bezeichnete es nur nicht so.

Ich wurde Psychotherapeutin und fühlte mich natürlich dazu hingezogen, Menschen mit sozialen Ängsten zu helfen. Es gibt nichts Befriedigenderes, als Menschen dabei zu helfen, an sich zu glauben und etwas zu meistern, das sie zuvor zutiefst ängstigte. Außerdem schrieb ich drei Bücher darüber, wie man soziale Ängste und Schüchternheit überwindet.

Im Laufe meiner bald 30-jährigen Karriere habe ich Tausende Menschen gelehrt, wie man mehr Selbstvertrauen entwickelt. Alle wollten sie etwas Bestimmtes tun, etwas Wichtiges, etwas, was ihnen am Herzen lag, ließen aber zu, dass Angst, Zweifel und mangelndes Selbstvertrauen ihnen den Weg verstellten. Da Sie dieses Buch zur Hand genommen haben, vermute ich, dass Sie im selben Boot sitzen.

Die gute Nachricht ist: Sie sind völlig normal. Ich weiß, dass es einem vorkommen kann, als sei man die einzige Person, die Probleme hat, und dass alle anderen es ganz leicht bewältigen können, wenn ihr Selbstbewusstsein in einer Krise steckt. Aber Sie sind nicht allein, und dieses Buch wird Ihnen helfen. Ich freue mich darauf, Ihnen alles zu erzählen, was ich über die Gestaltung eines schönen, selbstbewusst geführten Lebens weiß.

Ich habe die Hilfe meiner Freundin und Autorenkollegin Celia Ampel in Anspruch genommen. Als schüchterne Person begann sie während ihres Journalistikstudiums an der University of Missouri, meine Bücher zu lesen. Als Reporterin musste sie viele Ängste überwinden, die sie als Kind hemmten (nun braucht sie vor einem Telefonat kein Skript mehr zu schreiben), und viele Fortschritte hat sie den Werkzeugen in diesem Buch zu verdanken. Wir verfassten dieses Buch zwar als Team, wussten aber, dass es verwirrend sein kann, wenn wir zwischen den Perspektiven hin- und herwechseln und unsere Leser darauf aufmerksam machen, wer nun was schreibt. Deshalb ist dieses Buch in meiner »Stimme« verfasst.

Ich hoffe, dass dieses Buch hilfreich für Sie sein wird, möchte aber nicht behaupten, dass Sie nach der Lektüre nie wieder mit Selbstzweifeln zu kämpfen haben werden. Ein unerschütterliches Selbstvertrauen zu erwarten ist unrealistisch. Jeder kämpft hin und wieder mit Selbstzweifeln und mangelndem Selbstbewusstsein. Das gehört zum Menschsein dazu. Das Buch kann Ihnen jedoch wissenschaftlich fundierte Methoden vermitteln, die Ihren »inneren Kritiker« davon abhalten, Sie zu schikanieren. Sie werden lernen, wie man sinnvolle Ziele setzt, mit Selbstzweifeln umgeht und sich nicht ständig infrage stellt. Sie werden in der Lage sein, auf die Bühne zu gehen, um eine Gehaltserhöhung zu bitten, den Blogpost zu schreiben, den Sie schon immer schreiben wollten, oder jemanden zu einem Treffen einzuladen. Ich behaupte nicht, dass es immer leicht sein wird, aber es wird möglich sein. Und Sie brauchen den Weg nicht allein zu gehen. Ich begleite Sie dabei auf der ganzen Strecke.

HALLO
SELBSTVERTRAUEN
ICH HEISSE

HALLO
FREUNDLICHKEIT
ICH HEISSE

HALLO
MUT
ICH HEISSE

HALLO
INNERE RUHE
ICH HEISSE

HALLO
FREIHEIT
ICH HEISSE

HALLO
RESILIENZ
ICH HEISSE

HALLO
OFFENHEIT
ICH HEISSE

HALLO
DANKBARKEIT
ICH HEISSE

HALLO
STÄRKE
ICH HEISSE

HALLO
KREATIVITÄT
ICH HEISSE

HALLO
GROSSZÜGIGKEIT
ICH HEISSE

HALLO
GLÜCK
ICH HEISSE

HALLO
MITGEFÜHL
ICH HEISSE

TEIL 1

VORAUSSETZUNGEN SCHAFFEN

Es ist mutig und lobenswert, seine Dämonen in Gestalt von Selbstzweifeln in Angriff zu nehmen. Manchmal werden Sie sich entmutigt oder ängstlich fühlen, aber das bedeutet nur, dass Sie es nach Kräften versuchen. Und das ist schließlich weitaus besser, als sich von mangelndem Selbstbewusstsein permanent an den Rand des Lebens drängen zu lassen. Die ersten beiden Kapitel dieses Buches legen den Grundstein für die Arbeit zur Stärkung Ihres Selbstvertrauens, die Sie in den darauffolgenden Kapiteln kennenlernen werden.

In Kapitel 1 untersuchen wir häufige Missverständnisse über Selbstvertrauen und Selbstbewusstsein und erfahren, was das wirklich ist, woher es kommt und vor allem, dass Sie voll und ganz dazu in der Lage sind, dieses Vertrauen in sich selbst zu entwickeln. Sie werden ein Gefühl dafür bekommen, wie selbstbewusst Sie aktuell sind, und so den Ausgangspunkt bestimmen, von dem aus Sie Ihren Persönlichkeitswachstum erkennen können. Sie werden sehen, wie anders das Leben sein kann, wenn man erst einmal auf den Geschmack gekommen ist und seine Ziele anstrebt.

In Kapitel 2 machen wir eine Bestandsaufnahme dessen, was Ihnen wirklich wichtig ist, und identifizieren die Werte, die Ihnen am meisten am Herzen liegen, sodass Sie einen Maßnahmenplan für sich entwickeln können, der zu dem passt, wie Sie selbst sein möchten. Anschließend setzen Sie sich entsprechende Ziele, und zwar mit dem Bild eines Lebens vor Augen, in dem Sie sich nicht von Selbstzweifeln davon abhalten lassen, im Berufsleben voranzukommen, Ihren Kindern ein gutes Beispiel zu sein, sich Konflikten zu stellen, starke Beziehungen zu pflegen oder etwas in Ihrem Umfeld zu bewirken. Sie lernen die wissenschaftlichen Hintergründe der im Buch vorgestellten bewährten

Methoden kennen, die Ihnen allesamt dabei helfen, sich nicht länger im Weg zu stehen und die beste Version Ihrer selbst zu sein. Also klopfen Sie sich auf die Schulter, weil Sie diesen Neubeginn wagen – legen Sie los!

Ein Tipp noch vorab: Legen Sie sich am besten ein separates Notizbuch zu oder nehmen Sie Ihr Tablet zur Hilfe, wenn das Buch nicht genügend Platz für Ihre Eintragungen bieten sollte.

KAPITEL 1

SELBSTVERTRAUEN VERSTEHEN

· · · · · · · · · · · · · · · · · · · ·

»WENN DU EINE INNERE STIMME HÖRST, DIE SAGT: ›DU KANNST NICHT MALEN‹, DANN MALE AUF JEDEN FALL, UND DIESE STIMME WIRD VERSTUMMEN.«

VINCENT VAN GOGH

Wenn Sie alles Selbstbewusstsein der Welt hätten, was würden Sie tun?

Larry würde endlich mit dem Roman anfangen, den er schon so lange schreiben wollte.

Rita würde mit ihrem Chef über die Beförderung sprechen, die ihr vor 6 Monaten zugesagt wurde.

LaShonda würde mit ihrem Partner darüber sprechen, dass ihr in ihrer Beziehung das Gefühl von Verbundenheit fehlt.

Wie sieht es bei Ihnen aus?

Was würden Sie tun, wenn Sie alles Selbstbewusstsein der Welt hätten? Nehmen Sie sich etwas Zeit, und notieren Sie, was Ihnen spontan einfällt.

_____

_____

_____

_____

Larry, Rita und LaShonda wünschen sich Selbstvertrauen nicht um des Selbstvertrauens willen.

> Larry möchte seine Kreativität zum Ausdruck bringen.
> Rita will für sich selbst einstehen.
> LaShonda möchte die Qualität ihrer Beziehung verbessern.

Ich vermute, auch Sie wünschen sich etwas, werden aber durch Selbstzweifel und Unsicherheit davon abgehalten. Deshalb habe ich dieses Workbook verfasst: um Ihnen auf dem Weg zur besten Version Ihrer selbst zu helfen.

In diesem Kapitel definiere ich Selbstvertrauen und erläutere, was es Ihnen bringt. Ich werde einige Mythen rund um das Selbstvertrauen unter die Lupe nehmen und seinen wahren Ursprung erklären. Danach untersuchen wir, wie ein Mangel an Selbstsicherheit entsteht: Welche Lebenserfahrungen haben Ihre Grundüberzeugungen über sich selbst geprägt? Am Ende jedes Kapitels machen Sie einen Selbsttest, um herauszufinden, wie stark Ihr Selbstvertrauen momentan ausgeprägt ist.

An der Quelle beginnen

Selbstvertrauen ist eine geheimnisvolle Eigenschaft, die wir alle gern hätten. Aber was bedeutet es eigentlich, Selbstvertrauen zu haben und selbstbewusst zu sein?

Meistens äußert es sich in einem Gefühl. »Ich traue mir zu, den Fünf-Kilometer-Lauf in 28 Minuten zu schaffen.« Diese Art Selbstvertrauen wird normalerweise mit Ruhe, Leichtigkeit und Zuversicht in Verbindung gebracht. Wenn wir uns in diesem Sinne selbstbewusst fühlen, also Selbstvertrauen haben, gehen wir davon aus, erfolgreich zu sein.

Problematisch ist die Definition von Selbstvertrauen als Gefühl, weil in der Praxis schnell eine Zwickmühle daraus wird: Wer sich etwas nicht zutraut, versucht es gar nicht erst.

Es gibt noch eine zweite, weniger verbreitete Definition. Die lateinischen Wurzeln des englischen Wortes confidence bedeuten »mit Vertrauen«. Mit Vertrauen zu handeln bedeutet, dass man sich nicht ganz sicher ist, was man macht – man geht ein Wagnis ein.

Wie das praktisch aussieht, sehen wir am Beispiel von Darnell, einem Mann, der normalerweise eher zurückgezogen lebte. Darnell engagierte sich leidenschaftlich für das Thema Flächennutzungsplan in seiner Nachbarschaft. Er mochte aber keine Aufmerksamkeit und fürchtete sich davor, seine Meinung vor dem Stadtrat zu vertreten.

Doch nachdem er sich ins Gedächtnis gerufen hatte, wie wichtig das Thema ihm und seinen Nachbarn war, trug Darnell bei der Versammlung seinen Beitrag vor, obwohl ihm dabei die Hände zitterten. Er wartete nicht, bis seine Nervosität vollständig verflogen war – dann wäre er womöglich nie im Stande gewesen zu sprechen. Stattdessen nahm er all seinen Mut zusammen, indem er sich auf seine Überzeugungen besann, und handelte.

In diesem Buch verwende ich folgende Definition für Selbstvertrauen: Die Bereitschaft, auf für Sie relevante Ziele aktiv hinzuarbeiten, selbst wenn Sie unter sozialen Ängsten leiden und das Ergebnis ungewiss ist. Echtes Selbstvertrauen besteht teils aus Mut, teils aus Kompetenz, das Ganze gemischt mit einer gesunden Portion Selbstmitgefühl. Diese Definition werde ich in verständliche Häppchen herunterbrechen, während wir uns durch dieses Workbook arbeiten. Fürs Erste sind dies die Stichworte, die wir im Kopf behalten sollten:

- Handlungen gehen Gefühlen voraus.
- Handlungen werden von Werten gesteuert, also von dem, was Ihnen wichtig ist.
- Der Verlauf ist wichtiger als das Ergebnis.

WO SELBSTVERTRAUEN HERKOMMT

Forschungen haben gezeigt, dass unsere Überzeugungen über uns selbst oft von unserem Umfeld geprägt werden, etwa von Familie, Freunden und Medien. Aber das bedeutet nicht, dass Sie das Maß ihres Selbstvertrauens nicht beeinflussen könnten – tatsächlich ist sogar das Gegenteil der Fall.

Selbstvertrauen entsteht, wenn Sie sich Ihres Selbst bewusst sind: sich darauf besinnen, wer Sie sind, was Ihre Werte sind und wie viel harte Arbeit sie in diese investiert haben.

Eine einfache Gedankenübung in einer heiklen Situation trägt nachweislich zur Minderung sozialer Ängste bei: Bei einer von David Creswell und David Shermann geleiteten Studie wurden die Teilnehmenden aufgefordert, einen Augenblick über einen ihrer Grundwerte nachzudenken – zum Beispiel, ein guter Freund zu sein oder achtsam mit der Umwelt umzugehen. Dann schrieb jede Person eine Erinnerung an eine Situation auf, in der sie diesen Wert verkörperte.

Bei denjenigen, die diese Gedankenübung durchführten, war der Adrenalinspiegel vor aufreibenden Situationen wie Prüfungen oder Reden in der Öffentlichkeit weitaus niedriger als bei denjenigen, die dies nicht taten – selbst wenn die Grundwerte für die bevorstehende Aufgabe überhaupt nicht relevant waren. Entscheidend war, dass sich die Teilnehmerinnen und Teilnehmer eine tiefverwurzelte Wahrheit über sich selbst vor Augen führten anstatt eine leere Phrase wie »Ich bin der Beste!«. Ähnliche Übungen stelle ich Ihnen in Kapitel 2 vor.

Eine Verbindung zu unserem authentischen Selbst nimmt uns ein wenig den Druck, wenn wir uns in einer unangenehmen Situation befinden. Als Tanya bei der Hochzeit ihrer Schwester eine Ansprache halten sollte, fürchtete sie sich sehr davor, dass alle Blicke auf sie gerichtet sein würden. Sie befürchtete, dass ihre Hände zittern und ihre Stimme beben könnten. Aber bei genauerer Betrachtung ging es Tanya eigentlich überhaupt nicht darum, 200 Gäste mit einer perfekt vorgetragenen Rede zu beeindrucken. Wirklich wichtig war ihr, ihrer Schwester und ihrem frisch angetrauten Schwager zu zeigen, wie sehr sie sie liebte und ihnen Glück wünschte. Mit diesem Gedanken stand sie bei der Feier ziemlich ruhig auf und hielt eine herzliche Ansprache, die die Beziehungen stärkte, die ihr am wichtigsten waren.

Natürlich sind Selbstzweifel nicht immer schlecht! Manchmal ist Angst ein Signal dafür, dass wir uns nicht ausreichend für die große Präsentation, den Vortrag oder das Vorstellungsgespräch vorbereitet haben. Wenn Sie vorher üben, was Sie sagen wollen, haben Sie etwas, worauf Sie zurückgreifen können, wenn Sie unter hohem Druck stehen. Die Stimme des Selbstzweifels sagt uns womöglich auch, dass wir mehr Informationen brauchen, einen anderen Weg einschlagen oder eine Pause machen sollten.

Aber oft machen wir den Fehler, zu zögerlich zu sein. Wer stundenlang geübt hat, sollte in der Lage sein zu handeln, ohne zwanghaft darüber zu grübeln, was alles schiefgehen könnte. In diesem Buch geben wir Ihnen Methoden an die Hand, mit denen Sie Ihre innere Haltung zu mehr Selbstvertrauen hin verändern können.

WAS ES BEDEUTET, SELBSTBEWUSST ZU SEIN

Wenn Sie sich eine selbstsichere Person vorstellen, denken Sie vielleicht an jemanden, der mutig ist und große Dinge tut, etwa um das Amt des Präsidenten kandidiert oder auf der Großleinwand einer Sportveranstaltung jemandem einen Heiratsantrag macht. Aber auch in kleinen Schritten kann eine Menge Mut und Tapferkeit stecken.

Selbstvertrauen braucht man nicht an jedem Tag, jeden Augenblick zu haben. Sie sollten auch nicht erwarten, gleich morgen mit unerschütterlichem Selbstbewusstsein durchzustarten. Selbstvertrauen ist vielmehr die Entscheidung, in Übereinstimmung mit seinen Grundwerten Handlungsschritte zu tun.

Diese schrittweisen Veränderungen bauen aufeinander auf. Sie geschehen sowohl durch unser eigenes Gefühl, etwas geschafft zu haben, als auch durch die Bestätigung durch andere. Aber um diesen positiven Kreislauf in Gang zu setzen, ist es wichtig, sich selbst Mitgefühl entgegenzubringen: Sprechen Sie mit sich selbst mit der gleichen Güte und Geduld, die Sie einer geliebten Person oder einem Kind entgegenbringen würden.

Ein Beispiel: Als Sofia mit ihrem Mann in eine neue Stadt zieht, weiß sie, dass sie neue Freundschaften schließen will. Sie hört von einem kostenlosen Lyrik-Workshop in einem Café in der Nähe. Obwohl sie gern schreibt, scheut sie sich, daran teilzunehmen. Was, wenn sie ihre amateurhaften Gedichte vor versammeltem Publikum vorlesen soll?

STILLES SELBSTVERTRAUEN

> »Zwischen Redegewandtheit und guten Ideen besteht keinerlei Zusammenhang.«

SUSAN CAIN

Hatten Sie schon einmal das Gefühl, Sie hätten eine spitzenmäßige Idee, waren aber nicht selbstbewusst genug, diese Idee zu kommunizieren? Vielleicht dachten Sie, Sie seien nicht kontaktfreudig genug und nahmen an, nur redefreudige Leute würden bemerkt werden.

Es stimmt, dass die Gesellschaft Extrovertiertheit tendenziell höher schätzt. Wenn Sie eine introvertierte Persönlichkeit sind, haben Sie daher womöglich größere Mühe mit dem Thema Selbstbewusstsein, haben vielleicht das Gefühl, nicht dazuzugehören oder in irgendeiner Form mangelhaft zu sein.

Glücklicherweise erfahren Introvertierte langsam – unter anderem auch wegen Susan Cains Bestseller *Still – Die Kraft der Introvertierten* – die angemessene Aufmerksamkeit, und so manche Mythen über Introversion werden infrage gestellt.

Keine Sorge also, wenn Sie sich selbst als introvertierte Persönlichkeit beschreiben würden. Sie werden diese Persönlichkeit nicht verändern müssen, um in den Genuss von mehr Selbstvertrauen zu kommen. Wie es Mahatma Gandhi so weise ausgedrückt hat: »Man kann auf sanfte Art die Welt erschüttern.«

Sofia sagt sich, es sei in Ordnung, einfach hinzugehen, auch wenn sie sich nicht so häufig zu Wort meldet wie andere. Sie stellt sich ein paar Leuten am Tisch vor und beteiligt sich an den Schreibimpulsen, schweigt aber, als der Referent Freiwillige sucht, die ihre Gedichte vorlesen. Ganz am Schluss der Veranstaltung hebt sie einmal die Hand, um dem Lehrer für den Workshop zu danken.

Auf dem Nachhauseweg hat Sofia die Wahl: Sie könnte ihrem inneren Kritiker freien Lauf lassen, der Dinge sagen würde wie »Du bist so schrullig, hast den ganzen Abend die Zähne nicht auseinandergekriegt, wahrscheinlich haben sich alle gefragt, warum du überhaupt da warst. Überhaupt haben sie dich bestimmt total unfreundlich gefunden!«. Gedanken wie diese würden sie vermutlich davon überzeugen, dass der Abend ein Fehlschlag war und sie nicht mehr an diesen monatlichen Treffen teilnehmen sollte.

Sofia könnte sich aber auch gratulieren. Sie könnte ihre Teilnahme an dem Workshop als großen, mutigen Schritt betrachten – hey, sie hat sogar vor der ganzen Gruppe gesprochen, als sie dem Referenten gedankt hat! Sie kann sich das Ziel setzen, im nächsten Monat wieder hinzugehen, mehr Gespräche mit anderen Teilnehmenden zu führen und sogar ihre Texte vorzulesen. Selbstmitgefühl – ein Konzept, das wir später im Buch ausführlicher behandeln – wird Sofia helfen, Selbstbewusstsein zu entwickeln.

Wie wir an Sofias Beispiel sehen, brauchen Sie Ihre Persönlichkeit nicht zu verändern, um mehr Selbstvertrauen zu entwickeln. Selbstvertrauen ist eine komplexe emotionale Angelegenheit. Man kann stark und mutig sein, gleichzeitig aber auch ehrlich, freundlich und umgänglich.

Denken Sie an eine Situation zurück, bei der Sie sich von Ihrem inneren Kritiker davon abhalten ließen, etwas Neues auszuprobieren. Was könnten Sie sich beim nächsten Mal sagen, um mehr Mitgefühl mit sich selbst zu zeigen?

_____

_____

_____

_____

_____

_____

Ziel setzen ⇒ kleine Schritte ⇒ sich gratulieren ⇒ sich zuversichtlicher und motivierter fühlen ⇒

Selbstvertrauen fördern

WAS SELBSTVERTRAUEN NICHT BEDEUTET

Manche fürchten selbstbewusstes Auftreten, weil sie anderen nicht auf die Füße treten, zu viel Raum einnehmen oder einfach nur kein Fiesling sein wollen. Aber Selbstvertrauen ist nicht dasselbe wie Arroganz oder Narzissmus. Wer über Selbstvertrauen verfügt, ist tatsächlich sogar häufig weniger selbstzentriert. Wer aufhört, sich ständig Gedanken über seine Wirkung auf andere zu machen, kann den Menschen um sich herum mehr Aufmerksamkeit schenken.

Beim Selbstvertrauen geht es nicht darum, wer am lautesten spricht oder andauernd im Vordergrund steht. Es geht auch nicht darum, ein schickes Auto oder andere Statussymbole zu besitzen. Es geht vielmehr darum, in Ihrem wahren Wesenskern verwurzelt zu sein. Das befreit das Denken von zwanghaften Sorgen und Selbstzweifeln.

Selbstbewusstsein bedeutet, in dem verwurzelt zu sein, wer man wirklich ist.

Im Gegenteil, eine selbstbewusste Person kann hilfreiches Feedback annehmen und daraus lernen, ohne in eine Abwehrhaltung zu geraten. Wenn Ihr Selbstwertgefühl nicht mehr zur Debatte steht, können Sie mit Kritik oder sogar unumwundener Ablehnung umgehen, ohne deswegen am Boden zerstört zu sein.

Umgekehrt bedeutet Selbstvertrauen nicht, dass Sie bei einem Konflikt Ihr Gegenüber niedermachen. Es ist möglich, überzeugend seine Meinung zu vertreten und der Ansicht des anderen trotzdem Raum zu lassen und womöglich sogar einen Kompromiss zu finden.

Und schließlich: Über Selbstvertrauen zu verfügen bedeutet auch nicht, dass Sie nicht scheitern werden. Es bedeutet nicht, dass Sie immerzu lächeln oder nie wieder unter sozialen Ängsten oder Selbstzweifeln leiden. Es bedeutet vielmehr, dass Sie mit diesen Gefühlen umzugehen wissen und trotzdem durchhalten, um die nächste Herausforderung in Angriff zu nehmen.

Fällt Ihnen jemand ein, der in Ihren Augen Selbstsicherheit verkörpert? Warum?

_____

_____

_____

_____

_____

DIE SELBSTBEWUSSTSEINSKURVE

Ist Ihnen schon einmal der Gedanken gekommen, Sie könnten zu selbstbewusst sein? Anhand eines Beispiels wollen wir zeigen, dass es beim Thema Selbstbewusstsein immer um ein gesundes Gleichgewicht geht. Hat man zu wenig Selbstbewusstsein, vermeidet man das Ausprobieren neuer Dinge, traut sich nicht, selbst das kleinste Risiko einzugehen, und verzichtet auf Aktivitäten, die das Leben angenehmer und bedeutsamer machen. Zu viel Selbstbewusstsein – Selbstbewusstsein ohne Realitätsbezug – bringt einen womöglich in Schwierigkeiten.

Ein Blick auf die Praxis: Stellen Sie sich vor, Sie sollen eine Präsentation halten. Die Tabelle verdeutlicht den Unterschied zwischen einem gesunden Maß an Selbstbewusstsein und zu viel Selbstbewusstsein.

Selbstbewusst	Zu selbstbewusst
Ich bin gut vorbereitet. Ich weiß, dass ich das kann.	Ich kenne den Stoff so gut, dass ich mich nicht vorzubereiten brauche.
Ich gebe mein Bestes, um einen guten Draht zum Publikum herzustellen.	Pech fürs Publikum, wenn es mich nicht begeistert aufnimmt.
Kann sein, dass ich keine makellose Präsentation halte, aber schließlich lerne ich aus meinen Fehlern.	Ich bin zu perfekt, um Fehler zu machen.
Ich höre mir die Publikumsfragen aufmerksam an und antworte sorgfältig.	Beim Frageteil improvisiere ich einfach.
Ist schon okay, wenn ich nicht auf alles eine Antwort parat habe.	Ich bin der Experte / die Expertin. Ich weiß alles.

Das Beispiel mag extrem erscheinen, veranschaulicht aber einige wichtige Punkte. Erstens: Selbstvertrauen baut auf gute Vorbereitung auf. Die nötige Vorarbeit muss rechtzeitig geleistet werden. Zweitens: Selbstsicher zu sein bedeutet nicht, dass Sie keine Fehler machen werden. Das wird durchaus passieren – aber Sie werden sich von den Fehlern nicht verunsichern lassen. Sie nehmen die Rückmeldungen entgegen und lernen daraus. Und letztens: Selbstvertrauen und Zuhören gehören zusammen.

Gründe für mangelndes Selbstvertrauen

Das Wichtigste, was Sie über mangelndes Selbstvertrauen wissen sollten, lautet: Es ist nicht Ihre Schuld. Viele Menschen kämpfen aus verschiedenen Gründen mit einer negativen Selbstwahrnehmung. Dieses Buch wendet sich an Menschen mit einem breiten Spektrum an Selbstvertrauensproblemen in unterschiedlichen Schweregraden. Wenn bei Ihnen eine Angststörung oder Depression diagnostiziert wurde, können Sie dieses Buch in Verbindung mit anderen Therapien verwenden.

Bei jedem Menschen bilden die Faktoren, die zu einem mangelnden Selbstvertrauen führen, eine individuelle Mischung. So ist auch das Zusammenspiel dieser Faktoren ganz individuell. Veranlagung, kultureller Hintergrund, Kindheitserfahrungen und andere Lebensumstände sind hier von Bedeutung. Aber lassen Sie sich nicht entmutigen – auch wenn wir die prägenden Erfahrungen in unserer Vergangenheit nicht ändern können, so können wir doch eine Menge tun, um unsere Gedanken und Erwartungen zu ändern und mehr Selbstvertrauen zu gewinnen.

VERANLAGUNG UND TEMPERAMENT

Einige unser Selbstvertrauen prägende Faktoren sind von Geburt an in unserem Gehirn angelegt. Das erwähne ich nicht, um Sie zu überfordern, sondern damit Sie wissen, dass Sie sich nicht die Schuld für Ihr Selbstbild geben sollten.

Studien haben gezeigt, dass unsere genetische Veranlagung die Menge selbstbewusstseinsfördernder Chemikalien beeinflusst, auf die unser Gehirn zugreifen kann. Sowohl Serotonin, ein mit Glücksgefühlen assoziierter Neurotransmitter, als auch Oxytocin, das »Kuschelhormon«, können durch genetische Variationen gehemmt werden. Zwischen 25 und 50 Prozent der Persönlichkeitsmerkmale im Zusammenhang mit Selbstvertrauen können ererbt werden.

Einige Aspekte unseres Verhaltens sind auch auf unser Temperament zurückzuführen. Wenn Sie von Natur aus (und besonders in ungewohnten Situationen) eher zögerlich und wachsam sind, verfügen Sie womöglich über eine Temperamenteigenschaft, die Verhaltenshemmung genannt wird: Wenn Sie mit einer Situation konfrontiert werden, halten Sie inne und überprüfen, ob alles Ihren Erwartungen entspricht. Wenn Ihnen etwas nicht stimmig scheint, ziehen Sie sich wahrscheinlich aus der Situation zurück.

Eine Verhaltenshemmung ist nicht nur schlecht. Es braucht Menschen, die sich nicht impulsiv in jede Situation stürzen. Als eher zurückhaltender Mensch ist Ihnen vielleicht das Selbstvertrauen abhandengekommen, aber sobald Sie sich selbst und die Werkzeuge in diesem Buch verstehen, werden Sie mit Ihren Charaktereigenschaften arbeiten, anstatt sie zu bekämpfen.

LEBENSERFAHRUNG

Eine Vielzahl individueller Erfahrungen kann dazu führen, dass man sich völlig unsicher oder sogar wertlos fühlt. Eine Auswahl:

Trauma. Körperlicher, sexueller und emotionaler Missbrauch kann unser Selbstwertgefühl erheblich beeinflussen. Wenn Sie Erinnerungen an Missbrauch immer wieder gedanklich durchspielen oder sich anderweitig von Ihren Erfahrungen gequält oder beschämt fühlen, sollten Sie in Erwägung ziehen, sich psychotherapeutisch behandeln zu lassen.

Erziehungsweise. Wie wir in unserer Herkunftsfamilie behandelt werden, beeinflusst uns unter Umständen auch noch lange nach unserer Kindheit. Wer beispielsweise von einem Elternteil ständig herabgesetzt oder mit anderen verglichen wurde oder ständig zu hören bekam, dass sowieso nie etwas aus ihm oder ihr werden würde, trägt diese Botschaften wahrscheinlich bis heute mit sich herum. Auch psychische Probleme oder Drogenkonsum der Eltern können das Verhältnis zur Welt negativ beeinflussen.

Mobbing, Belästigung und Demütigung. Mobbing in der Kindheit kann das Selbstvertrauen im Hinblick auf Aussehen, intellektuelle und sportliche Fähigkeiten und andere Lebensbereiche prägen. Demütigende Erfahrungen im Erwachsenenleben, beispielsweise Belästigung oder Drangsalierung am Arbeitsplatz, oder aber ein soziales Umfeld, das einen nicht respektiert oder einen herabsetzt, führen mitunter ebenfalls dazu, dass man weniger für sich einsteht oder ehrgeizige Ziele verfolgt.

Geschlecht, Herkunft und sexuelle Orientierung. Unzählige Studien zeigen, dass Frauen dazu sozialisiert werden, sich mehr Gedanken darüber zu machen, wie sie wahrgenommen werden, und somit auch dazu, weniger Risiken einzugehen. Wer Diskriminierung erlebt hat oder zu einer Randgruppe gehört, hat möglicherweise auch so manche negative, unwahre Botschaft über das eigene Potenzial und »seinen Platz in der Gesellschaft« verinnerlicht.

FEHLINFORMATION

Mangelndes Selbstvertrauen rührt mitunter daher, dass wir nicht wissen, wie Selbstvertrauen eigentlich funktioniert. Wenn wir zum Beispiel denken, dass wir uns selbstsicher fühlen müssen, um selbstbewusst zu handeln, stellen wir die Weichen für das Scheitern. Wie wir im Beispiel von Darnell und der Stadtratssitzung gesehen haben, verhält es sich genau andersherum.

Perfektionismus ist eine weitere Form von fehlerhaftem Denken, das zu geringem Selbstvertrauen beiträgt. Wenn wir glauben, wir müssten etwas erst voll und ganz gemeistert haben, bevor wir aktiv werden, halten uns diese Gedanken womöglich davon ab zu tun, was uns wichtig ist. Allein schon zu lernen und zu begreifen, was Selbstvertrauen ist und was nicht, wie Sie es in diesem Kapitel tun, führt zu einer erheblichen Steigerung des Selbstbewusstseins.

DIE WELT UM UNS

Viele Medienbotschaften zielen darauf ab, in uns Gefühle der Unzulänglichkeit zu wecken. Unternehmen, die etwas verkaufen wollen, fangen in der Regel damit an, dass sie uns vermitteln, wir würden uns im Grunde unwohl mit uns selbst fühlen. Oft tun sie dies, indem sie ein »Problem« mit Ihrem Körper vorstellen, das Sie sonst nie bemerkt hätten. (Der Film *Girls Club – Vorsicht bissig!* treibt diese Grundidee auf denkwürdige Weise auf die Spitze: Die Hauptfigur, die nach jahrelangem Hausunterricht in Afrika ganz frisch in der amerikanischen Highschool-Kultur angekommen ist, beobachtet fassungslos, wie ihre neue Clique nörgelnd vor dem Spiegel steht: »Mein Haaransatz ist so komisch«, sagt die eine. »Meine Fingernägel sind eklig«, die andere.)

Seit Social Media quasi allgegenwärtig sind, treffen uns die Botschaften noch empfindlicher. Es ist leicht zu glauben, dass jeder um einen herum die perfekte Ehe, eine Traumkarriere und das Aussehen eines Topmodels hat. Aber denken Sie daran: Was Menschen online posten, ist kalkuliert ausgewählt und stark bearbeitet. Jeder hat schlechte Tage, Selbstzweifel und körperliche Unzulänglichkeiten. Die stellen sie nur nicht auf Facebook zur Schau!

> »WIR KÄMPFEN UNTER ANDEREM MIT UNSICHERHEIT,
> WEIL WIR UNSERE HINTER-DEN-KULISSEN-MOMENTE MIT DEM BEST-OF-
> ZUSAMMENSCHNITT DER ANDEREN VERGLEICHEN.«

STEVEN FURTICK

SOZIALE ÄNGSTE UND DEPRESSION

Soziale Ängste und Depressionen gehen mit Problemen des Selbstbewusstseins häufig Hand in Hand. Wenn bei Ihnen bereits eine Angststörung oder Depression diagnostiziert wurde und Sie mit einem Therapeuten arbeiten, wäre es vielleicht möglich, dieses Arbeitsbuch in die Therapie mitzubringen und es mit dem Therapeuten gemeinsam durchzugehen.

Wenn Sie sich nicht sicher sind, ob Sie von diesen Problemen betroffen sind, finden Sie im hinteren Teil des Buches Hilfen und eine Liste mit weiterführenden Informationen (siehe Seite 169). Es ist mutig von Ihnen, sich mit den Stolpersteinen für Ihr Selbstbewusstsein auseinanderzusetzen. Wenn Sie mehr Selbstvertrauen aufbauen, wird Ihnen das auch dabei helfen, Ängste und Depressionen abzubauen.

Welche in diesem Abschnitt beschriebenen Faktoren sprechen Sie am meisten an?

_____

_____

_____

_____

Welche konkreten Lebenserfahrungen hatten Ihrer Meinung nach die stärksten negativen Auswirkungen auf Ihr Selbstbewusstsein?

_____

_____

_____

_____

Vorteile eines gesteigerten Selbstvertrauens

Fast jeder Mosaikstein eines glücklichen und erfüllenden Lebens hängt mit Selbstvertrauen zusammen. Im Folgenden hebe ich einige Vorteile eines gesunden Selbstvertrauens hervor, und danach lernen Sie die nötigen Strategien kennen, um diese Vorteile nutzen zu können.

WENIGER FURCHT UND SOZIALE ÄNGSTE

Je mehr Selbstvertrauen Sie entwickeln, desto besser werden Sie die innere Stimme zum Schweigen bringen können, die Ihnen einflüstern möchte, dass Sie etwas nicht können. Sie werden in der Lage sein, sich von Ihren Gedanken zu distanzieren und in Übereinstimmung mit Ihren Werten zu handeln.

Wenn Sie unter mangelndem Selbstwertgefühl leiden, kennen Sie wahrscheinlich die

Neigung, über Sorgen und vermeintliche Fehler nachzugrübeln und sie bis zum Gehtnichtmehr durchzuspielen. Dieses Grübeln bezeichnet man auch als Rumination. Zwischen übermäßigem Grübeln und sowohl sozialen Ängsten als auch Depressionen gibt es einen Zusammenhang. Dieses Grübeln kann auch dazu führen, dass wir uns aus der Außenwelt zurückziehen. Aber indem Sie Ihren Tank mit Selbstvertrauen, also dem Treibstoff für das Tätigwerden, auffüllen, werden Sie in der Lage sein, aus dem Teufelskreis des übermäßigen Grübelns auszubrechen und Ihren inneren Kritiker zum Schweigen zu bringen.

MEHR MOTIVATION

Selbstvertrauen aufzubauen heißt, in kleinen Schritten zu dem Gefühl zu gelangen, etwas geschafft zu haben. Wenn Sie einmal eine Sprache erlernt, eine Fähigkeit gemeistert, ein Fitnessziel erreicht oder in anderer Hinsicht Rückschläge überwunden haben, um an ein selbst gestecktes Ziel zu kommen, sind Sie bereits auf einem guten Weg.

Womöglich denken Sie jetzt: »Na klar war ich in der Schule auf meine Eins in Mathe stolz, aber was hat das denn mit meiner Situation heute zu tun?« Wer sich an eine entscheidende Leistung in seinem Leben erinnert, kommt wahrscheinlich darauf, dass dafür eine Menge Durchhaltevermögen nötig war. Wenn Sie damals Widrigkeiten überwunden haben, schaffen Sie das auch in anderen Lebensbereichen, in denen Sie unter Selbstzweifeln leiden.

Je mehr Ihr Selbstvertrauen wächst, desto mehr werden Sie sich herausgefordert fühlen, die Grenzen Ihrer Fähigkeiten zu testen. Trotzdem wird es immer noch »Was wäre, wenn …«-Gedanken geben. »Was, wenn ich scheitere?« »Was, wenn ich mich blamiere?« Aber solche Gedanken werden Sie nicht mehr lähmen, wenn Sie immer mehr Selbstsicherheit entwickelt haben. Stattdessen werden Sie in der Lage sein, trotzdem lächelnd zu handeln und sich von den Fortschritten im Erreichen Ihrer Ziele bestärkt und motiviert fühlen.

MEHR RESILIENZ

Durch das Selbstvertrauen erhält man Zugang zu den nötigen Fähigkeiten und Bewältigungsstrategien, um mit Rückschlägen und Scheitern fertig zu werden. Denken Sie daran: Selbstvertrauen heißt nicht, dass Sie nicht weiterhin gelegentlich scheitern werden. Sie werden jedoch wissen, dass Sie mit Herausforderungen umgehen können und sich nicht davon ins Bockshorn jagen lassen. Selbst wenn sich die Dinge völlig anders entwickeln als geplant, werden Sie sich deshalb nicht mehr selbst zerfleischen müssen.

Wer sich weiter dazu antreibt, Neues auszuprobieren, entwickelt mit der Zeit ein besseres Verständnis dafür, wie Scheitern und Fehler zu Wachstum führen. Die Akzeptanz der

Tatsache, dass Versagen zum Leben dazugehört, fasst Fuß. Paradoxerweise werden Sie bei gesteigerter Bereitschaft, Scheitern in Kauf zu nehmen, tatsächlich mehr Erfolge verbuchen können – weil Sie nicht mehr darauf warten, dass alles zu 100 Prozent perfekt ist, ehe Sie überhaupt mit etwas anfangen. Wer mehr Schüsse wagt, trifft häufiger ins Schwarze.

VERBESSERTE BEZIEHUNGEN

Es mag unserem Bauchgefühl widersprechen, aber: Wer über mehr Selbstvertrauen verfügt, ist weniger auf sich selbst fokussiert. Es ist uns allen schon einmal passiert, dass wir beim Betreten eines Raumes dachten: »Alle schauen mich an, jeder verurteilt mich. Keiner mag mich, sie halten mich alle für dumm.« In Wahrheit sind die Menschen voll und ganz mit ihren Gedanken und Sorgen beschäftigt. Erst wenn Sie aufhören, in Gedanken um sich selbst zu kreisen, werden Sie in der Lage sein, sich aufrichtig und echt auf andere einzulassen.

Sie werden Interaktionen mehr genießen können, weil Sie sich nicht mehr den Kopf darüber zerbrechen, welchen Eindruck Sie wohl machen, und Sie werden sich nicht mehr mit anderen vergleichen. Ihr entspannter Zustand wird auch anderen helfen, sich zu entspannen, was Ihnen ermöglicht, gute Beziehungen aufzubauen.

Selbstvertrauen ermöglicht außerdem mehr Empathie. Wenn Sie ganz im Jetzt präsent sind, fällt Ihnen wahrscheinlich eher auf, wenn es Ihrem Gegenüber nicht gut geht, oder dass eine Freundin bei einer Party in der Ecke so aussieht, als bräuchte sie jemanden, bei dem sie sich ausweinen kann. Wenn Sie nicht mehr mit Ihren Selbstzweifeln beschäftigt sind, können Sie die Person sein, die andere bei der Lösung ihrer Probleme unterstützt.

EIN BESSERES BEWUSSTSEIN SEINER SELBST

Und schließlich: Selbstvertrauen hilft Ihnen, in Ihrem Wesenskern verankert zu sein. Sie werden imstande sein, Ihre Schwächen zu akzeptieren, weil Sie wissen, dass diese nichts an Ihrem Selbstwert ändern. Außerdem werden Sie imstande sein, sich über Ihre Stärken zu freuen und sie besser zu nutzen.

Ihre Handlungen werden mit Ihren Überzeugungen übereinstimmen, was das Gefühl der Sinnhaftigkeit verstärkt. Sie werden wissen, wer Sie sind und wofür Sie stehen. Sie werden in der Lage sein, Position zu beziehen und sich zu Wort zu melden. Mit anderen Worten, Sie werden in der Lage sein, den stärksten Teil Ihrer Persönlichkeit zutage zu bringen.

Das Workbook zum persönlichen Begleiter machen

Selbstvertrauen bedeutet, sich selbst zu kennen, sich seiner selbst bewusst zu sein und sich zu vertrauen. Diese Maxime gilt auch bei der Bearbeitung dieses Buchs. Malen Sie hinein, unterstreichen Sie, was Ihnen wichtig ist, kritzeln Sie darin herum – wie es am besten für Sie passt! Wenn Sie ein Notizbuch kaufen und Ihre Gedanken darin während der Lektüre dieses Buchs festhalten wollen, ist das wunderbar. Falls Sie die Aufgaben lieber mit einer Therapeutin, einem Partner oder einer vertrauten befreundeten Person besprechen wollen, ist auch das sehr gut möglich. Es lohnt sich, jedes Kapitel der Reihe nach zu lesen und keins auszulassen, aber falls dieser Rat nichts für Sie ist, ignorieren Sie ihn einfach.

Achten Sie darauf, welche Informationen aus diesem Kapitel Sie am meisten angesprochen haben, und lassen Sie sich von diesen Informationen durch den Rest des Buchs leiten. Falls Sie feststellen, dass Sie dazu neigen, zwanghaft an negativen Gedanken festzuhalten, konzentrieren Sie sich auf Kapitel 5, in dem es darum geht, fehlerhafte Denkmuster zu ändern. Wenn Sie zwar nicht viel grübeln, aber trotzdem unsicher sind, wie Sie die Ziele erreichen, vor denen Sie sich am meisten fürchten, finden Sie in Kapitel 7 die für Sie besten Werkzeuge. Die Selbstbewusstseinsskala im nächsten Abschnitt hilft Ihnen bei der Bestimmung Ihrer Schwerpunkte.

Gehen Sie das Buch in Ihrem persönlichen Tempo durch, und machen Sie die Übungen in einer Umgebung, die Ihnen am angenehmsten ist, ob das nun ein ruhiger Park in der Nachbarschaft ist oder ein Zimmer, in dem Sie Ihre Lieblingsmusik laut aufdrehen können. Es handelt sich bei diesem Buch zwar um ein Arbeitsbuch, aber Sie können damit auch herumspielen und Spaß bei der Sache haben.

Die Selbstbewusstseinsskala

Nachdem Sie jetzt mehr darüber wissen, was Selbstvertrauen ist beziehungsweise nicht ist, und warum Selbstvertrauen wichtig ist, ist es Zeit, Ihren Ausgangspunkt zu bestimmen. Lesen Sie jede Aussage auf der folgenden Seite. Trifft eine Aussage meistens auf Sie zu, kreisen Sie A ein, stimmt sie manchmal, B, und trifft sie normalerweise nicht auf Sie zu, C.

Ich schätze meine Stärken und Schwächen realistisch ein.	A B C
Ich bin bereit, für meine Überzeugungen Risiken einzugehen.	A B C
Ich plane neue Erfahrungen ein und bereite mich darauf vor.	A B C
Ich verfüge über Strategien für den Umgang mit Ängsten und Zweifeln.	A B C

Ich nehme mir die Zeit, mich an vergangene Leistungen/Erfolge zu erinnern.	A	B	C
Ich betrachte Scheitern als einen Teil des Lebens.	A	B	C
Mit unerwarteten Veränderungen kann ich umgehen.	A	B	C
Jemanden um Hilfe zu bitten, ist mir nicht unangenehm.	A	B	C
Ich weiß, was mir im Leben wichtig ist.	A	B	C
Meine Handlungen stimmen in der Regel mit meinen Werten überein.	A	B	C
Ich gebe nicht leicht auf.	A	B	C
Mir ist bewusst, dass mich nicht jeder mögen oder achten wird.	A	B	C
Ich bin mir meines mir innewohnenden Wertes als Mensch bewusst.	A	B	C
Ich verstehe, dass Rückschläge normal sind und man sich darauf einstellen muss.	A	B	C
Ich zerfleische mich nicht, wenn ich eine schwierige Zeit durchmache.	A	B	C
Meine Gedanken lähmen mich nicht, wenn ich etwas Neues ausprobiere.	A	B	C

So werten Sie Ihre Punktzahl aus:

Überwiegend A: Sie schaffen es wirklich gut, sich auf dem Weg zu Ihren Zielen nicht von Hindernissen aufhalten zu lassen. In diesem Buch lernen Sie neue Fertigkeiten, um Ihr Selbstvertrauen noch weiter zu steigern.

Überwiegend B: Sie befinden sich genau in der Mitte. Manchmal erkennen Sie Leistungen als solche an, manchmal konzentrieren Sie sich auf Ihre (vermeintlichen) Unzulänglichkeiten. Ihre Antworten deuten darauf hin, dass Sie mitunter über die üblichen Fallstricke stolpern, die das Selbstvertrauen untergraben. Dieses Buch wird Ihnen helfen, diese Bereiche zu identifizieren, damit Sie mehr Selbstvertrauen genießen können.

Überwiegend C: Ihr Selbstbewusstsein steht auf etwas wackligen Füßen, aber das ist schon in Ordnung. Denken Sie daran, dass niemand immerzu über absolutes Selbstvertrauen verfügt. Die Werkzeuge in diesem Buch werden zu einem entspannteren Umgang mit Ihnen selbst beitragen und Ihnen helfen, Ihre Leistungen zu würdigen und besser mit Rückschlägen umzugehen. Sie werden Schritt für Schritt lernen, wie man Ziele setzt, die einem wirklich etwas bedeuten, wie man diese Ziele erreicht und wie man auf dem Weg dorthin mit der Angst umgeht.

Nutzen Sie die folgenden Zeilen, um Gedanken oder Gefühle aufzuschreiben, die Ihnen beim Beantworten dieser Fragen gekommen sind. Notieren Sie besonders die Punkte, auf die Sie sich bei der weiteren Lektüre dieses Buchs konzentrieren möchten. Denken Sie daran, dass

Ihnen Anerkennung dafür gebührt, den ersten Schritt auf diesem Weg getan zu haben, und loben Sie sich dafür.

DENKEN SIE AN IHRE STÄRKEN

Ganz egal, wie Sie sich fühlen, vergessen Sie nie, sich Ihre Talente und guten Eigenschaften bewusst zu machen. Versuchen Sie, eine Liste Ihrer Stärken anzufertigen, auf die Sie zurückgreifen können, wenn Sie merken, dass Ihre Gedanken zu sehr um vermeintliche Defizite oder Fehler kreisen.

Erinnern Sie sich einmal an die Komplimente, die Sie von anderen erhalten haben. Was haben sie Ihnen über Sie gesagt, das Ihnen andernfalls nicht aufgefallen wäre oder das Sie womöglich nicht als wichtig betrachtet hätten?

Erinnern Sie sich daran, was Sie in der Vergangenheit geleistet haben. Das kann etwas sein, das auch die Anerkennung anderer fand, wie etwa, der oder die Beste in der Klasse zu sein, oder etwas, von dem nur Sie allein wissen, zum Beispiel, wenn Sie jemandem im Stillen geholfen haben. Schreiben Sie alle Erfolge auf, die Ihnen einfallen.

_____

_____

_____

_____

_____

_____

_____

_____

Überlegen Sie sich, welche Eigenschaften Sie kultivieren möchten. Niemand ist vollkommen, aber wenn Sie sich aktiv darum bemühen, ein anständiger, guter Mensch zu sein, dann würdigen Sie das bitte. Schreiben Sie einige dieser Eigenschaften hier auf.

_____

_____

_____

_____

_____

_____

_____

Resümee zum Kapitelende

Jetzt haben Sie einen klaren Überblick über das Selbstvertrauen: Was es ist, was es nicht ist und wie erreichbar es für all diejenigen ist, die sich darum bemühen (bei Interesse können Sie mehr über sich selbst erfahren und an einem Forschungsprojekt über Selbstbewusstsein teilnehmen, indem Sie das Confidence Code Assessment im Internet ausfüllen [auf Englisch]: https://learnconfidencecode.com/about-quiz/).

Im folgenden Kapitel geht es darum, wo Sie hinwollen. Sie setzen sich Ziele und erfahren, welche Werkzeuge Sie benötigen, um diese Ziele zu erreichen.

Handlungsempfehlungen

Hier nun einige konkrete Empfehlungen für die praktische Umsetzung der Lektionen und Grundgedanken dieses Kapitels:

1. Schreiben Sie sich ein Lieblingszitat zum Thema Selbstvertrauen/Selbstbewusstsein auf und platzieren Sie es an einen Ort, an dem Sie es oft sehen.
2. Überlegen Sie sich einmal, ob Sie nicht einer vertrauenswürdigen Person erzählen wollen, dass Sie dieses Buch lesen. Ich wette mit Ihnen, dass Sie herausfinden werden, dass Sie mit Ihrem Wunsch nach mehr Selbstvertrauen nicht allein sind.
3. Haben Sie ein Foto von einer Situation, in der Sie sich selbstbewusst und erfolgreich fühlten? Das könnte ein Foto von einer Abschlussfeier sein, ein Bild von Ihnen als Kind, als Sie das Radfahren gelernt haben, oder etwas anderes, das in Ihnen eine Saite zum Klingen bringt. Hängen Sie es an den Kühlschrank oder den Badezimmerspiegel, und überlegen Sie einmal, welche Schritte notwendig waren, um diesen Punkt zu erreichen.
4. Schauen Sie sich ein YouTube-Video von jemandem an, den Sie bewundern und der Selbstbewusstsein ausstrahlt.
5. Machen Sie einen Tag oder sogar eine Woche lang eine Social-Media-Pause. Spüren Sie nach, ob der Drang, sich mit anderen zu vergleichen, dadurch ein wenig nachlässt.

HALLO
ICH HEISSE
FREUNDLICHKEIT

HALLO
SELBSTVERTRAUEN
ICH HEISSE

HALLO
MUT
ICH HEISSE

HALLO
INNERE RUHE
ICH HEISSE

HALLO
FREIHEIT
ICH HEISSE

HALLO
RESILIENZ
ICH HEISSE

HALLO
OFFENHEIT
ICH HEISSE

HALLO
DANKBARKEIT
ICH HEISSE

HALLO
STÄRKE
ICH HEISSE

HALLO
GROSSZÜGIGKEIT
ICH HEISSE

HALLO
KREATIVITÄT
ICH HEISSE

HALLO
GLÜCK
ICH HEISSE

HALLO
MITGEFÜHL
ICH HEISSE

KAPITEL 2:

ZIELE SETZEN UND LOSLEGEN

. . . .

»DIE ANGST IST IMMER AM GRÖSSTEN, BEVOR MAN ANFÄNGT.«

STEPHEN KING

Nia mangelte es schon so lange an Selbstvertrauen, dass sie nicht einmal mehr sicher wusste, was sie überhaupt wollte.

Sie war schon über fünf Jahre Single. Obwohl sie sich immer vorgestellt hatte, irgendwann Ehefrau und Mutter zu sein, hatte sie sich eingeredet, dass es vielleicht auch einfach nicht so kommen würde. Die Angst vor misslungenen Verabredungen und Ablehnung war so groß geworden, dass sie den Versuch ganz aufgegeben hatte.

Dem Stress aus dem Weg zu gehen, den die Partnersuche mit sich brachte, fühlte sich gut an und schien sich kurzfristig zu lohnen: Immerhin brauchte Nia sich dadurch nicht mehr mit der überwältigenden Angst vor der Blamage oder irgendwie nicht gut genug zu sein zu belasten. Aber als sie sich eine Welt vorstellte, in der sie über unbegrenztes Selbstvertrauen verfügte, wusste sie sofort, dass darin auch ein Liebesleben samt Flirten, Ausgehen und schlussendlich auch dem Aufbau gesunder Beziehungen vorkommen würde.

Nia beschloss, sich kleine Ziele zu setzen, um sich ihrer Angst auszusetzen. Sie legte ein Profil auf einer Dating-App an und fragte ihre Freunde aus der Kirchengemeinde, ob sie nicht jemanden kannten, mit dem sie sie bekanntmachen könnten. Während sie diese Schritte unternahm, wuchs ihr Selbstvertrauen, und schon bald war sie dabei, sich zu Treffen zu verabreden und diese sogar zu genießen. Manchmal liefen die Verabredungen peinlich oder einfach nur mies – und auch das war okay. Nia wusste, dass sie durch das Verfolgen ihrer Ziele begann, das Leben zu leben, nach dem sie sich wirklich sehnte.

Wie Sie in Kapitel 1 gelernt haben, geht es beim Selbstvertrauen in erster Linie ums Tätigwerden. Wenn es leicht wäre, angesichts von Angst, Zweifeln oder mangelnder Motivation aktiv zu werden, sähe das Leben viel öfter aus wie in unseren verrücktesten Träumen. Glücklicherweise gibt es viele Strategien, mithilfe derer Sie Ihr Selbstvertrauen steigern können. In diesem Kapitel erhalten Sie einen Vorgeschmack davon.

Zuerst werden Sie darüber nachdenken, worauf Sie im Leben wirklich Wert legen und was Sie wollen: Was erhoffen Sie sich davon, mehr Selbstbewusstsein zu haben? Sie werden sich Zwischenziele setzen, durch die Sie das erreichen.

Anschließend erkläre ich Ihnen die Strategien, die Sie im weiteren Verlauf des Buchs erkunden werden. Sie werden lernen, negative Gedanken zu untersuchen und neu einzuordnen, Sie werden sich verpflichten, positiv aktiv zu werden, sich Ihrer Angst in kleinen Dosen auszusetzen und stärker auf Achtsamkeit zu setzen, um zu mehr Gelassenheit zu finden.

Ziele sind wichtig

Inzwischen haben Sie vermutlich festgestellt, dass Sie sich in manchen Lebensbereichen selbstbewusster fühlen als in anderen. Unabhängig von Ihrem konkreten Einzelfall brauchen Sie Ziele, sonst laufen Ihre Bemühungen ohne Fokus und Richtungssetzung ins Leere.

Was möchten Sie erreichen? Nun denken Sie vermutlich, die Antwort auf diese Frage läge auf der Hand: »Ich will selbstbewusster werden.« Das ist zwar ein wünschenswertes Ziel, aber doch zu allgemein gefasst, um als hilfreicher Fahrplan für konkrete Maßnahmen zu dienen.

Über Ihre Ziele nachdenken können Sie beispielsweise, indem Sie sich einige Fragen stellen:

Welche Möglichkeiten habe ich abgelehnt, weil ich mich nicht selbstbewusst genug fühlte?

_____

_____

_____

_____

_____

_____

Welchen Möglichkeiten würde ich nachgehen, wenn ich mehr Selbstvertrauen hätte?

Gibt es Aktivitäten, die ich aufgrund meines mangelnden Selbstbewusstseins gemieden habe?

Eine weitere Art, über mangelndes Selbstbewusstsein nachzudenken, ist der Blick auf die Angst. Fragen Sie sich: »Inwiefern habe ich mein Leben aus Angst eingeschränkt?«

Nun sind Sie etwas besser darauf vorbereitet, sich spezifische, realistische und mit Ihren persönlichen Wertvorstellungen übereinstimmende Ziele zu überlegen.

SPEZIFISCH

Wenn Sie erst einmal ein konkretes Ziel ins Auge gefasst haben, ist es wichtig, sich Zwischenziele zu setzen, die skizzieren, wie genau der Erfolg aussehen wird. Diese Zwischenziele sollten messbar sein, damit Sie wissen, wann Sie sie erreicht haben und wo Sie mehr Übung brauchen. Ein Beispiel:

Übergeordnetes Ziel:
Mehr Vertrauen in meine soziale Kompetenz bei meiner neuen Arbeitsstelle.

Zwischenziele:
Weniger nervös sein, wenn ich einem Mitarbeiter oder einer Mitarbeiterin vorgestellt werde.
In der Lage sein, Blickkontakt herzustellen.
Einladungen zum Mittagessen nicht ablehnen.
In der Lage sein, ein kurzes Gespräch im Pausenraum zu führen.
Nicht mehr davon ausgehen, dass ich ständig das Falsche sage.

REALISTISCH

Außerdem müssen Ziele realistisch sein. Beispielsweise kann man nicht erwarten, eine makellose Rede zu halten oder durchs Leben zu gehen, ohne sich jemals nervös zu fühlen. Ihre Ziele sollten Perfektion gar nicht erst einfordern, denn das bereitet dem Scheitern nur den Boden.

Das bedeutet nicht, dass Sie Selbstzweifeln nachgeben sollten. Tun Sie sich keinen Zwang an, und träumen Sie auf jeden Fall große Träume, wenn Sie Ihre Ziele aufschreiben – wie man diese in kleine, machbare Schritte herunterbricht, werden Sie lernen. Aber denken Sie daran, dass Sie nur ein Mensch sind.

Die Situation kann es auch erforderlich machen, Ziele zwischenzeitlich zu ändern. Beispielsweise kann eine verheerende Verletzung Sie davon abhalten, sich um eine Stelle zu bewerben, die Sie wirklich gern hätten, oder Sie dazu zwingen, die Familienplanung aufzuschieben. Ziele aufzugeben kann unfassbar schmerzhaft sein. Aber nichts und niemand hindert Sie daran, Ihren Wertvorstellungen entsprechend zu leben und sich neue Ziele zu setzen, die diese veränderten Lebensumstände berücksichtigen.

WERTEORIENTIERT

Werte sind die Prinzipien, die dem Leben Sinn verleihen und es uns ermöglichen, trotz aller Widrigkeiten durchzuhalten. Oft jedoch stimmt das Leben nicht mit unseren Werten überein, besonders, wenn mangelndes Selbstwertgefühl das Ganze erschwert.

Manchmal ist es nötig, ein wenig zu überlegen, welche Werte Ihnen ganz besonders am Herzen liegen. Hier einige Fragen für den Anfang:

Was ist Ihnen wichtig? Versuchen Sie zu unterscheiden, worauf Sie der Meinung anderer nach Wert legen sollten und was Ihnen tatsächlich wichtig ist.

Welche Art Mensch möchten Sie im Beruf sein? In Ihren Beziehungen? In Ihrer Nachbarschaft?

Wenn Sie sich das ideale Leben herbeizaubern könnten, wie sähe das aus?

Schauen Sie sich nun die umseitige Liste häufig vorkommender Wertvorstellungen an. Kreisen Sie die drei Werte ein, die Ihnen am meisten bedeuten.

Möglicherweise fällt es Ihnen schwer, sich für nur drei zu entscheiden. Das ist völlig in Ordnung. Manche Punkte auf der Liste könnten auch kombiniert werden: Beispielsweise könnte man Loyalität und Offenheit vielleicht mit Ihrem Grundwert »Freundschaft« zusammenfassen. Falls Sie mehr als drei auswählen, versuchen Sie bitte, weniger als sechs zu nehmen, sonst wird die Liste zu unhandlich.

Achtsamkeit	Gemeinschaft	Reife
Akzeptanz	Gerechtigkeit	Risiko
Aufregung	Geschicklichkeit	Ruhe
Ausdrucksfähigkeit	Gesundheit	Schönheit
Bedeutung	Glaube	Selbstlosigkeit
Beherrschung	Gleichberechtigung	Sensibilisierung
Bescheidenheit	Glück	Sicherheit
Dankbarkeit	Großzügigkeit	Sorgfalt
Disziplin	Harmonie	Spiel
Durchhaltevermögen	Hilfsbereitschaft	Spiritualität
Ehrlichkeit	Humor	Spontaneität
Einfachheit	Individualität	Stärke
Einfallsreichtum	Integrität	Tapferkeit
Einfühlungsvermögen	Intuition	Uneigennützigkeit
Einzigartigkeit	Kreativität	Verbindlichkeit
Energie	Künstlerische Natur	Verbundenheit
Enthusiasmus	Leistung	Verlässlichkeit
Ethisches Verhalten	Lernen	Vernunft
Exzellenz	Liebe	Verständnis
Familie	Loyalität	Vertrauenswürdigkeit
Fairness	Mitgefühl	Vorsicht
Freiheit	Nachdenklichkeit	Wachstum
Freude	Natur	Wahrheit
Freundlichkeit	Neugierde	Weisheit
Freundschaft	Offenheit	Wissen
Frieden	Optimismus	Würde
Führungsqualitäten	Originalität	Zufriedenheit
Gastfreundschaft	Persönliches Wachstum	Zuversicht
Geduld	Pragmatismus	
Gelassenheit	Produktivität	

Wenn Sie Ihre drei wichtigsten Werte ausgewählt haben, wählen Sie einen aus, und nehmen Sie sich etwa zehn Minuten Zeit, um aufzuschreiben, was er für Sie bedeutet. Erläutern Sie, warum dieser Wert Ihnen wichtig ist und wie Sie ihn in Ihrem täglichen Leben zum Ausdruck bringen.

_____

_____

_____

_____

KLEINE ENERGIESPRITZEN FÜR DAS SELBSTVERTRAUEN

Natürlich ist das Hauptziel dieses Buches, Ihnen dabei zu helfen, langfristig und nachhaltig Selbstvertrauen aufzubauen. Das heißt aber nicht, dass Sie sich vor einem wichtigen Tag nicht mit schnellen »Stimulanzstrategien« behelfen können. Hier einige Vorschläge.

Ein Lieblingsoutfit: Wenn Sie ein Outfit im Schrank haben, in dem Sie toll aussehen, sollten Sie das auf jeden Fall tragen, wenn Sie sich den größten Herausforderungen für Ihr Selbstbewusstsein stellen. Das wirkt seltsamerweise sogar bei Telefonaten, bei denen keiner Sie sieht.

Eine Playlist: Wenn Sie an einem absehbar anstrengenden Tag morgens beim Anziehen, Frühstücken und Zähneputzen Lieblingslieder hören, die das Selbstbewusstsein stärken, kann das eine Riesenhilfe sein. Wenn sie Sie dazu bringen, trotz aller Nervosität durchs Bad zu tanzen und mitzusingen, ist das ein Bonus!

Eine Belohnung: Wenn Sie versuchen, sich selbst dazu zu überreden, etwas Angsteinflößendes zu tun, hilft es Ihnen vielleicht, wenn Sie sich eine kleine Belohnung versprechen: »Wenn ich mich mit José verabrede, gönne ich mir hinterher ein Eis.« Wenn Sie dabei die Belohnung mit Ihrer Bemühung verknüpfen anstatt mit dem Ergebnis, erinnert Sie das daran, dass die Handlung an sich wichtiger ist als der Erfolg.

Ein Vorbild: Stellen Sie sich jemanden vor, der selbstbewusst, aber nicht arrogant oder streberhaft wirkt. Oft werden Sie feststellen, dass Sie die Furchtlosigkeit dieser Person eine Weile nachahmen können.

Mitstreitende: Wenn Sie einer Freundin oder einem Freund im Vorfeld erzählen, dass Sie vorhaben, einen bestimmten Schritt zu unternehmen, trägt das dazu bei, dass Sie diesen Schritt auch tatsächlich tun. Über diese Strategie schreibe ich später mehr.

Ziele setzen

Beim Setzen sinnvoller Ziele ist es überaus wichtig, seine persönlichen Grundwerte im Blick zu behalten. Das habe ich bei einem Klienten vor einigen Jahren beobachtet.

Jamal kam wegen allgemeiner sozialer Ängste zu mir. Er neigte dazu, sich häufig zu hinterfragen und in einem Teufelskreis der Grübelei steckenzubleiben. Außerdem war er nicht sonderlich von seinen Fähigkeiten überzeugt, speziell im Beruf.

Bei einem Termin erzählte mir Jamal, ihm sei eine Beförderung angeboten worden. Zu der neuen Position gehörte das Leiten mehrerer kleiner Teams und gelegentliche Ansprachen vor großen Gruppen. Auch Dienstreisen würden notwendig werden.

Anfangs nahm ich an, dass Jamal ohne seine Unsicherheiten an der Stelle interessiert sein würde. Nachdem er die Anforderungen der neuen Aufgabe mit mir besprochen hatte, war Jamal wie ich der Meinung, dass er mit etwas Ermutigung und Übung in der Lage sein würde, seinen Pflichten nachzukommen. Er brachte jedoch auch zur Sprache, dass die neue Stelle mit einem größeren Stundenumfang einherginge und er öfter die Stadt verlassen müsste.

Jamal hatte eine Familie, auf die er Rücksicht nehmen musste: seine Frau, ein fünfjähriges Kind und ein Neugeborenes. Obwohl Jamal der Karrieresprung wichtig war, war die Zeit mit der Familie doch wichtiger. Jamal lehnte die Beförderung ab. Er tat dies jedoch nicht aus Angst und Unsicherheit, sondern in dem Wissen, dass er in Übereinstimmung mit seinen Grundwerten handelte.

Keiner weiß, was Ihnen am wichtigsten ist. Natürlich gilt in unserer Kultur, dass uns eine bessere Stelle, ein größeres Haus und ein schickeres Auto angeblich glücklich machen. Sich hier nicht einfach nur den gesellschaftlichen Erwartungen zu beugen, erfordert Kraft und Entschlossenheit. Selbstvertrauen zeigt sich nicht immer in dem »großen« Schritt. Es zeugt auch von Selbstvertrauen, wenn man sagen kann: »Nein, das passt jetzt gerade nicht zu mir.«

> »WAS MAN DURCH DAS ERREICHEN SEINER ZIELE GEWINNT, IST WEIT WENIGER WICHTIG ALS DIE PERSON, DIE MAN AUF DEM WEG DORTHIN WIRD.«
>
> ZIG ZIGLAR

Jetzt sind Sie an der Reihe. Unten finden Sie einige Kategorien, die Ihnen beim Überlegen bezüglich Ihrer Ziele in Sachen Selbstbewusstsein helfen. Lassen Sie sich Zeit beim Nachdenken und nutzen Sie den Platz für Notizen.

Ich möchte nicht, dass Sie sich überfordert fühlen. Möglicherweise haben Sie in jedem der aufgezählten Bereiche Ziele, vielleicht möchten Sie aber auch vorläufig nur einen Bereich bearbeiten. In diesem Fall folgen Sie den in diesem Buch geschilderten Schritten und kommen später auf die anderen Bereiche zurück. Höchstwahrscheinlich werden Sie feststellen, dass sich das in dem einen Bereich neugewonnene Selbstvertrauen auch auf die anderen auswirkt.

BEZIEHUNGEN

Was würden Sie tun, wenn Sie das Selbstvertrauen hätten, in Ihren Beziehungen zu Freunden und Familie ganz und gar im Einklang mit Ihren Grundwerten zu leben? Würden Sie anders an Konflikte herangehen? Deutlichere Grenzen setzen? Wie sieht es mit Ihrem Liebesleben aus – was würden Sie tun, wenn Sie über unbegrenztes Selbstvertrauen verfügen würden? Schreiben Sie nun einige spezifische, realistische und an Ihren Grundwerten orientierte Ziele auf.

_____

_____

_____

_____

_____

ERZIEHUNG

Wenn Sie das Selbstvertrauen hätten, als Elternteil in Übereinstimmung mit Ihren Werten zu handeln, was würden Sie dann tun? Würden Sie anders am Leben Ihrer Kinder teilhaben oder ihnen eine andere Art Vorbild sein? Würden Sie anders mit dem Thema Strafe und Disziplin umgehen? Schreiben Sie nun einige spezifische, realistische und an Ihren Grundwerten orientierte Ziele auf.

_____

_____

_____

_____

_____

FAMILIE

Wenn Sie genug Selbstvertrauen hätten, in Ihren Beziehungen mit Ihren Eltern, Geschwistern und anderen Familienmitgliedern ganz in Übereinstimmung mit Ihren Grundwerten zu leben, wie sähe das aus? Schreiben Sie nun einige spezifische, realistische und an Ihren Grundwerten orientierte Ziele auf.

ARBEIT

Angenommen, Sie hätten genug Selbstvertrauen, um in Ihrem Berufsleben ganz entsprechend Ihrer Grundwerte zu leben, was – und wie – würden Sie dann arbeiten? Welche Funktion würden Sie innerhalb eines Unternehmens einnehmen? Wie würden Ihre Beziehungen zu Kolleginnen und Kollegen aussehen? Welche Stellenangebote würden Sie annehmen? Schreiben Sie nun einige spezifische, realistische und an Ihren Grundwerten orientierte Ziele auf.

NACHBARSCHAFT UND SOZIALES

Wenn Sie über genug Selbstvertrauen verfügen würden, in Ihrem sozialen Umfeld und Ihrer Nachbarschaft ganz entsprechend Ihrer Grundwerte zu leben, was würden Sie dann tun? Bei welchen Organisationen würden Sie mitarbeiten, wofür würden Sie sich starkmachen und wie sähe Ihre Rolle dabei aus? Wie würden Sie mit anderen in Beziehung treten, um etwas zu bewirken, das Ihnen wichtig ist? Schreiben Sie nun einige spezifische, realistische und an Ihren Grundwerten orientierte Ziele auf.

_____

_____

_____

_____

_____

GESUNDHEIT

Wenn Sie das Selbstvertrauen hätten, genau so zu leben, wie es Ihrem Verständnis nach für Ihr körperliches und seelisches Wohlbefinden gut ist, was würden Sie dann tun? Würden Sie sich in einem Fitnessstudio anmelden oder einen Kurs besuchen, ganz egal, was andere vielleicht denken? Würden Sie ein früheres Hobby oder eine andere Aktivität wieder aufgreifen, die Ihnen schon zuvor beim Stressabbau geholfen hat, selbst wenn Sie darin nicht mehr ganz so »gut« sind? Schreiben Sie nun einige spezifische, realistische und an Ihren Grundwerten orientierte Ziele auf.

_____

_____

_____

_____

FREUDE AM LEBEN

Halten Sie sich in anderen Lebensbereichen aufgrund mangelnden Selbstbewusstseins zurück und büßen deshalb Lebensfreude ein? Womöglich gehen Sie nicht gern an den Strand, weil Ihnen nicht gefällt, wie Sie im Badeanzug aussehen, oder Sie verzichten auf eine Geburtstagsfeier, weil Sie keine Aufmerksamkeit auf sich ziehen wollen. Falls es Dinge gibt, die Sie ehrlich gern täten, für die Ihnen aber das Selbstvertrauen fehlt, schreiben Sie diese in Form spezifischer, realistischer und an Ihren Grundwerten orientierter Ziele hier auf.

_____

_____

Methoden für den Prozess

Nachdem Sie sich nun Ziele gesetzt haben, soll es darum gehen, mit welchen Methoden Sie diese erreichen. Die in diesem Buch geschilderten Konzepte und Übungen basieren auf evidenzbasierten Therapien, haben sich also in umfangreichen wissenschaftlichen Studien als wirksam erwiesen. Die im Folgenden beschriebenen Therapieformen weisen zwar einige Unterschiede auf, ergänzen sich aber sehr gut. Aus diesen verschiedenen Ansätzen stammende Strategien werden von Therapeuten häufig kombiniert, und in diesem Buch werden immer wieder Methoden aus verschiedenen Therapien eingebunden.

Möglicherweise passt nicht jede einzelne Vorgehensweise zu Ihnen, und das ist auch gut so. Manche Menschen bevorzugen von Natur aus eine bestimmte Art der Behandlung und haben dann mehr davon als von anderen. Deshalb beschreibe ich eine breite Palette von Strategien, damit Sie sich einen Plan stricken können, der für Sie funktioniert.

KOGNITIVE VERHALTENSTHERAPIE

Sollten Sie schon einmal andere Ratgeber im Bereich der Psychologie gelesen haben, haben Sie vermutlich bereits von der Kognitiven Verhaltenstherapie gehört – sie ist eine weitverbreitete Behandlungsmethode bei Depressionen, Angststörungen und vielen anderen Erkrankungen. Der Psychologe Albert Ellis war einer der Ersten, die therapeutische Techniken zur Veränderung von unnötiges Leid verursachenden Denkmustern entwickelten. Der Psychiater Aaron Beck zeigte zudem, dass die Ursachen von Depressionen oft irrationale Gedanken sind. Diese beiden Männer werden häufig als die Väter der Kognitiven Therapie bezeichnet, die heute als Kognitive Verhaltenstherapie bekannt ist.

Schauen wir uns einmal ein Prinzip der Kognitiven Verhaltenstherapie in der Praxis an. Stellen Sie sich vor, Sie gehen die Straße entlang und sehen, dass Ihnen auf der anderen Seite jemand entgegenkommt. Beim Näherkommen erkennen Sie die Person, es ist jemand aus Ihrer Zumba-Gruppe. Sie schauen ihr entgegen, lächeln, winken und rufen »Hallo!«. Doch sie geht weiter, ohne den Gruß zu erwidern. Eine solche Situation kann vielfältig interpretiert werden. Was würden Sie sich selbst sagen? Kreisen Sie A, B oder C ein.

WARUM ES FUNKTIONIERT

Die Ansätze in diesem Buch haben sich in der klinischen Praxis bewährt – sie eignen sich aber auch für das selbstständige Lernen.

Diese Therapien haben Folgendes gemeinsam:	Was das für Sie bedeutet:
wissenschaftlich fundiert	Sie können sich darauf verlassen, dass es funktioniert
aufs Hier und Jetzt bezogen	keine Elternschelte
häufig in einzelne Schritte heruntergebrochen	leicht verständlich
auf Alltagssituationen zugeschnitten	trifft auf Ihr Leben zu
praktische Fertigkeiten	einfach umzusetzen
normalerweise mit kurzfristigem Fokus	rasche Ergebnisse

A)   Bestimmt mag sie mich nicht. Ich bin so blöd.

B)   Wahrscheinlich hat sie mich gar nicht gesehen.

C)   Die ist so eingebildet. Unglaublich, dass sie nicht einmal Hallo gesagt hat.

Stellen Sie sich jetzt vor, was Sie jeweils empfinden würden.

Würden Sie denken: »Bestimmt mag sie mich nicht«, wären Sie wahrscheinlich traurig, beschämt oder dergleichen.

Falls Sie denken würden: »Wahrscheinlich hat sie mich gar nicht gesehen«, würden Sie sich wahrscheinlich eher neutral oder vielleicht ein bisschen enttäuscht fühlen.

Falls Sie C eingekreist haben, wären Sie möglicherweise wütend.

Denken Sie daran, dass das Ereignis immer dasselbe ist. Verändert hat sich lediglich Ihre Interpretation der Situation beziehungsweise was Sie sich selbst sagen. Der Grundgedanke hinter der Kognitiven Verhaltenstherapie ist, dass die Botschaften, die wir uns selbst vermitteln, wichtig sind.

Stellen Sie sich jetzt eine Situation vor, aus der Sie mit wenig Selbstvertrauen herausgekommen sind. Füllen Sie dann das folgende Diagramm aus.

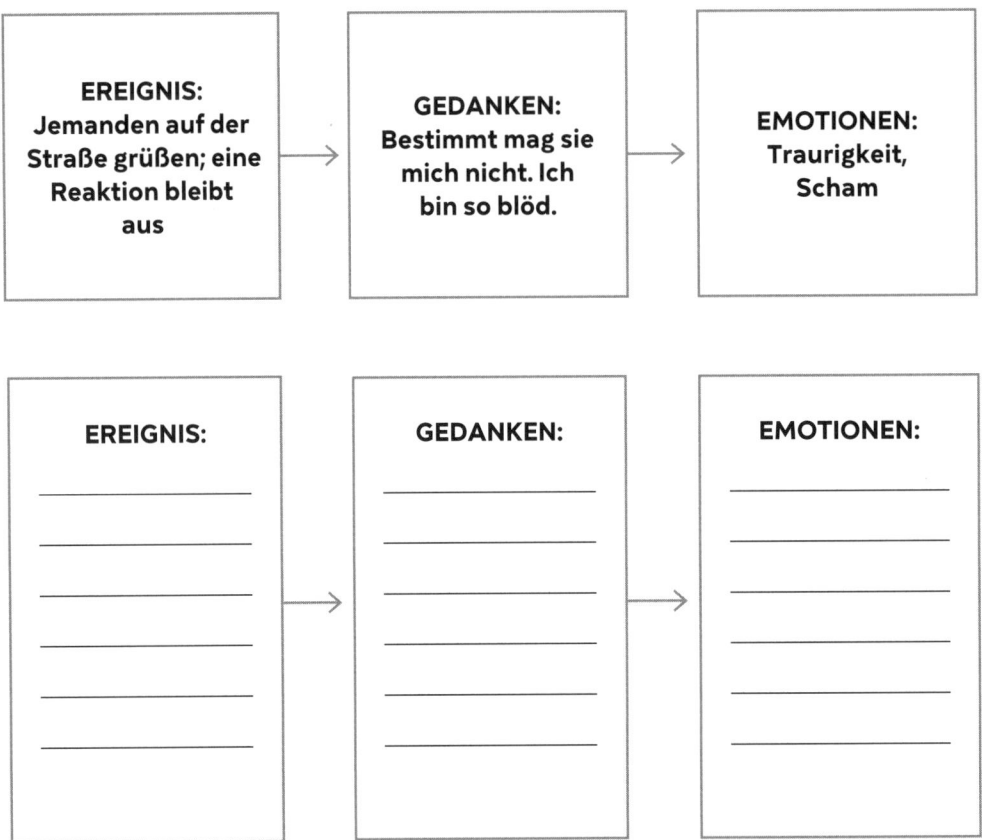

Was hat dies nun mit dem Thema Selbstvertrauen zu tun? Mangelndes Selbstvertrauen kommt häufig daher, dass Situationen falsch oder zumindest wenig hilfreich interpretiert werden. Wenn Sie glauben, dass die Zumba-Kollegin Ihnen nicht zugewinkt hat, weil Sie »blöd« sind, ist es sehr viel weniger wahrscheinlich, dass Sie sie in Zukunft grüßen oder ein Gespräch mit ihr beginnen werden. Deshalb ist die Kognitive Verhaltenstherapie, also ein Methodenkatalog, um solche Gedanken zu identifizieren und neu einzuordnen, beim Aufbauen von Selbstvertrauen so nützlich.

In Kapitel 5 werden Sie lernen, verzerrtes Denken als solches zu erkennen, beispielsweise: »Wenn ich versuche, mich in einem Meeting zu Wort zu melden, blamiere ich mich jedes Mal aufs Neue.« Ertappt man sich erst einmal bei solchen Gedanken, kann man sie herunterbrechen: Spiegelt dieser Gedanke tatsächlich die Wirklichkeit wider? Hilft er Ihnen dabei, Ihre Ziele zu erreichen? In Kapitel 6 werden Sie dann lernen, wie Ihre Gedanken

Grundüberzeugungen beziehungsweise Glaubenssätze bilden. Jeder verfügt über diese Grundüberzeugungen, aber uns ist oft gar nicht bewusst, welche Macht sie über unser Verhalten haben. Ich gebe Ihnen Übungen an die Hand, die Ihnen helfen, Ihre Gedanken und Glaubenssätze zu erkennen, sodass diese Sie beim Erreichen Ihrer Ziele nicht weiter hindern können.

Sie lernen, sich realistischere Ergebnisse vorzustellen und zu sehen, dass Sie selbst im schlimmsten Fall in der Lage sein werden, sich zu aufzurichten und weiterzumachen. Außerdem werden Sie beginnen, sich mehr Anerkennung für das Erreichte zu schenken, anstatt sich wegen vermeintlicher Fehler niederzumachen. Diese Veränderungen in der Denkweise sollen Sie zum Handeln anspornen, dem Grundstein allen Selbstvertrauens.

AKZEPTANZ-UND-COMMITMENT-THERAPIE (ACT)

Die ACT (gesprochen wie das englische Wort *act*, zu Deutsch: handeln) wurde 1986 von Steven C. Hayes entwickelt, einem Professor an der Psychologischen Fakultät der University of Nevada. Hayes vertrat die im Vergleich zu den damals vorherrschenden Lehrmeinungen der klassischen Psychologie etwas kontroverse Ansicht, dass Leid ein unvermeidbarer und grundlegender Bestandteil des Menschseins ist. Er argumentierte, dass es beim Bestreben, ein sinnhaftes Leben zu führen, effektiver ist, dieses Leid zu akzeptieren, als ihm entfliehen zu wollen.

Außerdem betrachtete er auch Gedanken anders als seine Kolleginnen und Kollegen aus der Kognitiven Verhaltenstherapie. Wir erinnern uns: Bei der Kognitiven Verhaltenstherapie werden negative Gedanken identifiziert, um sie durch hilfreichere zu ersetzen. Bei der ACT wird dem Inhalt der Gedanken nicht so viel Bedeutung beigemessen. Der Grundgedanke bei der ACT ist, dass man lernen kann, auch mit unangenehmen Gedanken zu leben, solange man ihnen keine Macht über das eigene Handeln zugesteht.

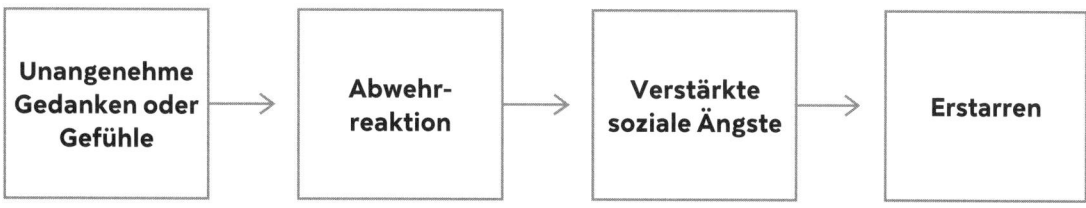

Die ACT lehrt, Sorgen, Angst oder Zweifeln nicht auszuweichen, weil negative Gefühle einfach ein ganz normaler Teil des Lebens sind. Wehrt man sich gegen seine sozialen Ängste, verschlimmern sich diese dadurch oft noch. Das wird Ihnen bekannt vorkommen, falls Sie je gedacht haben: »Warum bin ich bloß so nervös? Was ist denn mit mir los?«

Wenn Sie Gedanken wie »Das schaffe ich nicht« oder »Das wird eine Katastrophe« haben, können Sie lernen, wie man einen solchen Gedanken zur Kenntnis nimmt und weiterziehen lässt, ohne ihn für die unumstößliche Wahrheit zu halten. Sich von negativen Gedanken loszulösen, einen Schritt zurückzutreten sozusagen, hilft, Grübeln vorzubeugen (hier besteht ein Zusammenhang mit Angststörungen und Depressionen), und mindert den Drang, dem Unbehagen durch schädliche Verhaltensweisen wie übermäßigen Alkoholkonsum oder übermäßiges Essen auszuweichen.

Möglicherweise werden Sie Ihren inneren Kritiker nie ganz aus Ihren Gedanken verbannen können, aber Sie können lernen, seine unablässigen negativen Kommentare auszublenden und selbstbewusst aktiv zu werden (zu handeln – *to act*).

»BLEIBEN SIE ÄNGSTLICH. ABER WERDEN SIE TROTZDEM AKTIV. ES KOMMT AUF DAS HANDELN AN. SIE BRAUCHEN NICHT ZU WARTEN, BIS SIE SELBSTBEWUSST SIND. EINFACH LOSLEGEN. DANN KOMMT DAS SELBSTVERTRAUEN MIT DER ZEIT SCHON HINTERHER.«

CARRIE FISHER

KONFRONTATIONSTHERAPIE

Die Konfrontationstherapie wird manchmal unter dem Oberbegriff Kognitive Verhaltenstherapie eingeordnet, weil es sich dabei um eine Verhaltenstherapie mit der Zielsetzung der Überwindung von Angststörungen unterschiedlicher Art handelt.

Vielleicht haben Sie schon von der Arbeit der Psychologin Edna Foa gehört, die die Konfrontationstherapie bei der Behandlung von posttraumatischen Belastungsstörungen einsetzt. 2010 bezeichnete das *Time Magazine* sie als eine der einflussreichsten Persönlichkeiten der Welt. Foa hilft Menschen dabei, Gedanken und Situationen zu identifizieren, die am meisten Angst auslösen, und setzt die Leidenden diesen Ängsten dann behutsam aus. Sie und andere haben gezeigt, dass die Konfrontationstherapie in vielen Situationen, von der Spinnenphobie bis zum Lampenfieber, gute Resultate bringt – und Ihnen kann die Konfrontationstherapie helfen, mehr Selbstvertrauen zu entwickeln.

Dass man durch das Vermeiden jeglichen Unbehagens kein glückliches, erfüllendes Leben erreicht, wissen Sie bereits. Das bedeutet aber nicht, dass Sie es kaum erwarten können, aus dem Haus zu gehen und eine Rede in der Öffentlichkeit zu halten, jemanden um eine Verabredung zu bitten oder was auch immer Sie am meisten ängstigt.

Keine Sorge – ich habe nicht vor, Sie ins kalte Wasser zu werfen und zum Schwimmen zu zwingen! Wenn man gezwungen wird, sich einer großen Angst unmittelbar und mit voller Wucht zu stellen, wird man nachweislich nur traumatisiert und schwört, es nie wieder zu versuchen, das haben Studien gezeigt.

Bei der Konfrontationstherapie ist es eher, als würde man die Zehen ins Wasser tauchen. Man fängt mit einem winzigen ersten Schritt an, vor dem man sich nur ein kleines bisschen fürchtet, gewöhnt sich an diese Angst und stellt fest, dass man in der Lage ist, mit ihr umzugehen. Darauf baut man schrittweise auf, bis man schließlich im Becken umherschwimmt.

Manche Konfrontationstherapien werden draußen, »im wahren Leben« durchgeführt. Beispielsweise besuchte ich mit einer Klientin mit Höhenangst mehrfach ein Gebäude, wo wir uns nach und nach die Stockwerke hinaufarbeiteten, bis sie sich mehrere Etagen weit oben nahe am Geländer wohlfühlte. In anderen Fällen reicht es aus, sich die Situation vorzustellen, um den Umgang mit der Angst einzuüben.

Entscheidend dabei ist der Wiederholungseffekt; sich seiner Angst ein einziges Mal zu stellen, dann ein Jahr abzuwarten und es erneut zu versuchen, funktioniert nicht. Hier ein Beispiel dafür, wie eine Konfrontationstherapie aussehen könnte. Unser Beispielpatient ist Kurt, der sich nicht traut, an Networking-Veranstaltungen in seiner Branche teilzunehmen:

Woche 1: Kurt besucht mit jemandem, den er bereits kennt, eine Networking-Veranstaltung, wo er nur eine halbe Stunde bleibt.

Woche 2: Er besucht eine Networking-Veranstaltung mit jemandem, den er bereits kennt, und stellt sich mindestens einer unbekannten Person vor.

Woche 3: Kurt besucht eine Networking-Veranstaltung mit jemandem, den er bereits kennt, und stellt sich drei Unbekannten vor.

Woche 4: Kurt besucht allein eine Veranstaltung, begrüßt dort jeden, den er bereits vorher kennengelernt hat, und stellt sich drei neuen Personen vor.

Woche 5: Er besucht allein eine Veranstaltung, stellt sich fünf Unbekannten vor und schreibt einer dieser Personen am nächsten Tag per E-Mail, um sich mit ihr auf einen Kaffee zu verabreden.

Ich werde mich in Kapitel 7 mehr damit befassen, wie Sie sich selbst Ziele für solche Konfrontationen setzen können. Denken Sie zunächst an etwas, was Sie normalerweise meiden. Wie könnte ein kleiner Schritt aussehen, der Sie in die gewünschte Richtung führt? Versuchen Sie nun, diesen Schritt in noch kleinere Schritte herunterzubrechen. Ich möchte, dass Sie sich angewöhnen, in Mikroschritten zu denken. Die Wahrscheinlichkeit, dass Sie diese umsetzen, steigt ungemein, wenn die Schritte nicht allzu weit von Ihrer persönlichen Norm abweichen.

AUF ACHTSAMKEITSPRAXIS BASIERENDE THERAPIEN

Die letzte Therapieform, an der ich mich bedienen werde, ist eine der Therapien, die auf der Achtsamkeitspraxis basieren. Der Mischung aus Verhaltens- und Kognitiven Therapien den Aspekt der Achtsamkeit hinzuzufügen, hat im Laufe des letzten Jahrzehnts weithin an Akzeptanz und Beliebtheit gewonnen. Doch bereits Anfang der 1970er-Jahre bezog Jon Kabat-Zinn Grundsätze aus der Achtsamkeitslehre bei seiner Arbeit mit Patienten mit ein. Er ist der Begründer der Achtsamkeitsbasierten Stressreduktion (mindfulness-based stress reduction program, MBSR), einem Programm, das Millionen an Herzerkrankungen, chronischen Schmerzen und anderen gesundheitlichen Problemen leidenden Menschen dabei geholfen hat, ihre Symptome zu lindern und einen allgemein besseren Gesundheitszustand zu erreichen. Inzwischen wird MBSR außerhalb des medizinischen Bereichs eingesetzt, etwa in Unternehmen, und es gibt sogar MBSR-Programme für Heranwachsende. Ende der 1980er-Jahre schuf die Psychologin Marsha Linehan die Dialektisch-Behaviorale Therapie (DBT, auch dialektische Verhaltenstherapie), bei der neben der Achtsamkeit auch die Akzeptanz aufgenommen wurde. (Über die Akzeptanz erfahren Sie mehr in Kapitel 3.)

Was also ist Achtsamkeit? Achtsamkeit bedeutet, dem Moment bewusst Aufmerksamkeit zu schenken und sich mit einer offenen, neugierigen Grundhaltung auf ihn einzulassen. Auch eine gewisse wertungsfreie Haltung gehört zu diesem Prozess. Ich weiß, dass das jetzt vielleicht sehr abstrakt klingt. Keine Sorge. Es ist alles nicht so wischiwaschi, wie es sich anhört, und ich breche das Ganze später in kleine Schritte herunter.

Ein Vorteil der Achtsamkeit ist, dass sie dabei hilft, sich von den negativen Gedanken des inneren Kritikers zu lösen, indem man sich wieder mit der Welt um sich herum verbindet.

Obwohl unser Verstand immer dazu neigt, uns in Sorgen und Spekulationen zu verwickeln, ist es möglich, sich beizubringen, aus einer Grübelspirale auszusteigen und auf den Boden der Tatsachen zurückzukehren.

In Kapitel 4 leite ich Sie durch Achtsamkeitsübungen, die zur Minderung von Angstgefühlen beitragen und Ihnen damit helfen, sich Ihren größten Herausforderungen hinsichtlich Selbstvertrauen zu stellen. Hier zunächst eine einfache Möglichkeit für den Anfang: Konzentrieren Sie sich auf Ihren Atem.

- Achten Sie auf den Atemrhythmus. Wie fühlt sich die Atmung an? Wenn es bei Ihnen wie bei den 99,9 Prozent der Menschen ist, schweifen Ihre Gedanken vermutlich ab. Sie denken über Ihre To-do-Liste nach, fragen sich, ob Sie alles richtig machen, überlegen, was Sie zu Mittag essen sollen ... Das ist alles völlig normal und bedeutet keineswegs, dass Sie irgendetwas verkehrt machen.
- Wenn Sie bemerken, dass Ihre Gedanken abschweifen, konzentrieren Sie sich sanft wieder auf den Atem. Der Schlüssel ist, sanft zu sein. Sagen Sie nicht: »Ich kann das nicht gut.« Denken Sie einfach: »Oh, jetzt drehen meine Gedanken eine Extrarunde. Das ist in Ordnung. Dann achte ich nun einfach wieder auf meine Atmung.«
- Nach ein paar Minuten werden Sie wahrscheinlich feststellen, dass Sie etwas ruhiger und weniger abgelenkt sind.

ES IMMER WIEDER VERSUCHEN

Scheitern ist eine Tatsache, die zum Leben gehört – und eine sehr nützliche noch dazu. Wer sich darum bemüht, ohne jedes Risiko durchs Leben zu kommen, lernt wahrscheinlich nichts und entwickelt sich auch nicht sonderlich. Auch die selbstbewusstesten Menschen erleben Selbstzweifel, doch entscheidend ist, dass sie ihren Weg trotzdem weitergehen und es nicht zulassen, dass ihre Angst aufgrund ihres Nichthandelns weiterwächst.

Wenn man einen Fortschritt anstrebt, vergisst man leicht, dass Scheitern nicht Rückschritt bedeutet. Fehler dienen nicht dazu aufzugeben, sondern helfen, einen besseren Weg zu finden.

Wenn Sie sich um den Aufbau Ihres Selbstvertrauens bemühen, wird es Tage geben, an denen Dinge einfach schieflaufen. Vielleicht möchten Sie sich bei einer Besprechung äußern, können aber Ihre Gedanken nicht gut in Worte fassen, und es entsteht eine unangenehme Pause. Oder vielleicht versuchen Sie, strengere Regeln im Umgang mit Ihren Kindern zu setzen, doch die strecken Ihnen nur die Zunge heraus und machen weiter Unfug. Hier kommt es vor allem darauf an, wieder auf das sprichwörtliche Pferd zu steigen und es noch einmal zu versuchen.

Wenn Sie sich das nächste Mal mit dem Scheitern konfrontiert sehen, versuchen Sie es folgendermaßen. Fragen Sie sich: Was von dem, was ich getan habe, hat funktioniert? Was nicht? Was kann ich beim nächsten Mal anders machen? Wenn Sie auf der Stelle treten, bitten Sie eine Vertrauensperson um Rückmeldung, wie Sie es besser machen können.

Wenn man sich mit dem Scheitern anfreunden kann, lässt man den Perfektionismus hinter sich, wird ungenau und macht Fehler, bis man schließlich herausfindet, wie es funktioniert. Ein besseres Gefühl, als zu wissen, dass man sich den Erfolg durch harte Arbeit selbst erarbeitet hat, gibt es nicht. Das führt zu Selbstvertrauen.

Resümee zum Kapitelende

Jetzt wissen Sie, was die Wissenschaft bietet. Unzählige Menschen haben ihr Selbstvertrauen anhand der Methoden verbessert, die Sie in Teil 2 lernen werden. Vielleicht sind Sie noch etwas skeptisch, aber ich hoffe, Sie haben auch Lust darauf, es zu versuchen. Wenn Sie sich ängstlich oder eingeschüchtert fühlen, können Sie immer wieder auf Ihre aufgelisteten Werte und Ziele zurückgreifen und sich daran erinnern, dass die unternommenen Anstrengungen zu einem besseren, erfüllteren Leben führen. Im nächsten Teil dieses Buches werden Sie anfangen, diese Strategien einzuüben. Wir starten mit der Selbstakzeptanz.

HANDLUNGSEMPFEHLUNGEN

Hier sind einige konkrete Maßnahmen zur praktischen Umsetzung der in diesem Kapitel erlernten Lektionen und Ideen:

1. Notieren Sie in den nächsten Tagen alle Ereignisse, die Ihr Selbstvertrauen erschüttert haben. Schreiben Sie außerdem auf, welche Gedanken Sie bei der Interpretation dieser Ereignisse hatten. (Sie können für diese Übung ein Notizbuch bei sich tragen oder sich eine Notiz in Ihrem Smartphone machen.)
2. Suchen Sie sich eine »Energiespritze für das Selbstvertrauen« aus (siehe Seite 43) und probieren Sie sie aus.
3. Schauen Sie sich Joe Kowans erfrischenden TED-Talk »Wie ich das Lampenfieber besiegt habe« an (Link siehe Anhang).
4. Schreiben Sie Ihre drei wichtigsten Werte auf einen Zettel, den Sie so aufhängen, dass Sie ihn jeden Tag sehen.

HALLO
ICH HEISSE
FREUNDLICHKEIT

HALLO
SELBSTVERTRAUEN
ICH HEISSE

HALLO
MUT
ICH HEISSE

HALLO
INNERE RUHE
ICH HEISSE

HALLO
FREIHEIT
ICH HEISSE

HALLO
RESILIENZ
ICH HEISSE

HALLO
OFFENHEIT
ICH HEISSE

HALLO
DANKBARKEIT
ICH HEISSE

HALLO
STÄRKE
ICH HEISSE

HALLO
GROSSZÜGIGKEIT
ICH HEISSE

HALLO
KREATIVITÄT
ICH HEISSE

HALLO
GLÜCK
ICH HEISSE

HALLO
MITGEFÜHL
ICH HEISSE

TEIL 2

DIE METHODEN

Nachdem Sie inzwischen eine klare Vorstellung davon haben, was Sie mit mehr Selbstvertrauen tun würden, wollen wir nun darüber sprechen, wie Sie dieses Ziel erreichen. In Teil 2 bekommen Sie praktische, leicht umsetzbare Strategien zum Aufbau von Selbstvertrauen in verschiedenen Lebensbereichen an die Hand.

Mit den Methoden der in Teil 1 vorgestellten Therapieformen werden Sie lernen, Ihre Angst vor Situationen, die Sie fürchten, zu reduzieren. Sie werden sich darin üben, sich selbst und die Ereignisse in Ihrem Leben zu akzeptieren, anstatt gegen unangenehme Gefühle anzukämpfen oder sie zu vermeiden. Sie werden sich angewöhnen, im Gespräch mit sich selbst Mitgefühl zu zeigen und anzuerkennen, und was gut gelaufen ist, anstatt sich wegen jedes kleinen Fehlers zu schämen.

Sie lernen, tief durchzuatmen, sich Raum zu nehmen und sich Zeit zu lassen, anstatt sich bei Nervosität klein oder gar ganz unsichtbar machen zu wollen. Achtsamkeitstechniken werden Ihnen helfen, die Grübelei zu unterbrechen und die Welt zu sehen, die direkt vor Ihnen liegt. Außerdem lernen Sie, nicht hilfreiche Gedankenmuster und Glaubenssätze zu erkennen und sich auf nützlichere umzuorientieren. Sie werden sich mit dem inneren Kritiker als einem Passagier in Ihrem Kopf arrangieren lernen und die unvermeidbaren Momente der Selbstzweifel zur Kenntnis nehmen, aber nicht mehr zulassen, dass diese Ihr Handeln beeinflussen.

Vor allem aber werden Sie Schritte unternehmen, die Sie Ihren Zielen näherbringen. Sie werden die Welt Ihrer Fantasie hinter sich lassen und ins reale Leben hinaustreten, wo Ihr Selbstvertrauen wachsen kann. Falls Sie sich jetzt Sorgen machen oder sich fragen, ob Ihnen das alles wirklich helfen wird: Auch das ist völlig normal. Ich möchte Sie nur darum bitten, es einmal zu versuchen – bemühen Sie sich redlich, und Sie werden sehen, dass es sich auszahlt. Bei jedem Schritt des Weges werde ich Sie ermutigen.

HALLO
ICH HEISSE
FREUNDLICHKEIT

HALLO
SELBSTVERTRAUEN
ICH HEISSE

HALLO
MUT
ICH HEISSE

HALLO
INNERE RUHE
ICH HEISSE

HALLO
FREIHEIT
ICH HEISSE

HALLO
RESILIENZ
ICH HEISSE

HALLO
OFFENHEIT
ICH HEISSE

HALLO
DANKBARKEIT
ICH HEISSE

HALLO
STÄRKE
ICH HEISSE

HALLO
GROSSZÜGIGKEIT
ICH HEISSE

HALLO
KREATIVITÄT
ICH HEISSE

HALLO
GLÜCK
ICH HEISSE

HALLO
MITGEFÜHL
ICH HEISSE

KAPITEL 3

AKZEPTANZ ÜBEN

· · · · · · · ·

»DAS MERKWÜRDIGE PARADOXON IST, DASS ICH MICH ERST VERÄNDERN
KANN, WENN ICH MICH GENAUSO AKZEPTIERE, WIE ICH BIN.«

CARL ROGERS

Anfangs ist die Grundidee der Akzeptanz schwer zu verstehen. Immerhin haben Sie sich dieses Buch gekauft, weil Sie sich verändern wollen. Wenn Sie jetzt lesen, dass Sie Akzeptanz praktizieren sollen, denken Sie vielleicht, das soll heißen, dass Sie sich mit dem zufriedengeben sollen, wie es ist, anstatt etwas zu verändern. Aber wenn Sie erst einmal verstanden haben, was Akzeptanz wirklich bedeutet, wird das einen Riesenunterschied in Ihrem weiteren Vorgehen machen – und zwar nicht nur in Ihrem Streben nach mehr Selbstvertrauen, sondern im Leben ganz allgemein.

Am besten versteht man Akzeptanz, wenn man sich eine Gleichung vor Augen führt, die in der Welt der Psychologie häufig zitiert wird. Leid = Schmerz × Widerstand.

Stellen Sie sich vor, Sie stecken im Stau und kommen zu spät zu einem wichtigen Termin. Der Schmerz ist echt: Sie verabscheuen es, zu spät zu kommen, und können nichts dagegen tun. Der Aspekt des Widerstands kommt zum Tragen, sobald Sie mit sich selbst ins Gespräch kommen: »Ich hätte gar nicht erst in diesen Verkehr reingeraten sollen. Das ist ja furchtbar. Was ist denn hier los? Hat es da vorn einen Unfall gegeben?« Ihr innerer Widerstand verstärkt den Schmerz und schafft das Leid.

Bei Ihrem Termin angekommen, möchten Sie einen kurzen Projektbericht liefern, aber Sie bekommen Magenkrämpfe. Ihr Verstand meldet sich wieder zu Wort: »Ist doch nicht zu fassen, dass das schon wieder losgeht. Warum kann ich nicht so sein wie normale Menschen und einfach an einem ganz normalen Meeting teilnehmen, ohne so dermaßen nervös zu werden?« Diesmal besteht der Schmerz aus der Erfahrung, dass Ihr Bauch wehtut. Der Widerstand dagegen führt dazu, dass Sie panisch und unkonzentriert werden und womöglich während der Präsentation mehr Fehler machen.

Oft können wir den Aspekt des Schmerzes in der Gleichung nicht beeinflussen. Im Leben geschieht eben so einiges. Unsere Reaktion darauf können wir jedoch in der Regel durchaus beeinflussen. Indem wir dem Schmerz nicht noch unseren Widerstand hinzufügen, reduzieren wir das Leid.

Das Gegengift gegen Widerstand ist Akzeptanz.
- Akzeptanz ist die Bereitschaft, die Wirklichkeit vorbehaltlos zu betrachten.
- Akzeptanz bedeutet nicht, dass man etwas gutheißt.
- Akzeptanz bedeutet nicht, dass man keine angemessenen Maßnahmen ergreift.
- Akzeptanz bedeutet nicht, dass man sich mit dem Elend arrangiert.
- Akzeptanz ist der Ausgangspunkt für Veränderung.

Der erste Schritt auf dem Weg zu dauerhaftem Selbstvertrauen ist, Akzeptanz zu üben – seine Stärken und Schwächen anzunehmen und sich selbst zu akzeptieren, wie man ist. Ich zeige Ihnen, wie das geht.

Überdenken Sie Ihre Ziele

Nachdem Sie nun verstanden haben, was Akzeptanz bedeutet, denken Sie darüber nach, wie Sie sie in Ihrem Leben praktizieren können. Beziehen Sie sich insbesondere auf die Ziele, die Sie sich im vorigen Kapitel gesetzt haben, und schreiben Sie ein paar Gedanken darüber auf, wie das Erlernen von Akzeptanz Ihnen helfen könnte, diese Ziele zu erreichen. Vielleicht haben Sie zum Beispiel kürzlich einen Rückschlag erlebt, beispielsweise den Verlust Ihres Arbeitsplatzes. Es ist verständlich, dass Sie erst einmal Zeit dafür brauchen, mit dem Schmerz fertig zu werden, den ein solches Ereignis auslöst. Aber indem Sie die Situation so gut es geht akzeptieren, können Sie Ihre Aufmerksamkeit darauf lenken, neue Möglichkeiten zu suchen.

SIE BRAUCHEN KEINE REPARATUR

Schon mein ganzes Leben lang befasse ich mich mit dem Thema Selbstoptimierung. Als ich 10 Jahre alt war, las ich *Die Kraft positiven Denkens* von Norman Vincent Peale; ich hatte ein Exemplar im Bücherregal meiner Großmutter gefunden. Später durchstöberte ich stundenlang die Ratgeberabteilungen in Buchhandlungen und Bibliotheken, immer auf der Suche nach dem einen Buch, das mir das Gefühl geben würde, »gut genug« zu sein. Schon in Zeiten vor Pinterest legte ich eigene Notizbücher mit inspirierenden Zitaten an. Ich begann, einen Blog mit dem Titel *The Self-Compassion Project* zu schreiben, um dann jedoch festzustellen, dass Selbstmitgefühl kein Projekt ist, sondern Übungssache.

Es hat Jahrzehnte gedauert, bis ich verstanden hatte, dass ich kein defekter Mensch bin. So wie ich bin, bin ich ganz in Ordnung. Natürlich setze ich mir Ziele und versuche, in Bereichen, die mir wichtig sind, dazuzulernen und zu wachsen. Aber jetzt tue ich das aus einer Position der Selbstannahme und dem Gefühl heraus, um meiner selbst willen wertvoll zu sein, ein Wert, der nicht von außen bestimmt wird.

Es ist also schon ein wenig paradox, dass ich dieses Buch schreibe. Ich will (und werde) Ihnen Strategien und Methoden zeigen, von denen ich weiß, dass sie wirklich zur Steigerung des Selbstvertrauens beitragen. Wie Sie in Kapitel 1 erfahren haben, bietet Selbstvertrauen eine Menge Vorteile. Aber gleichzeitig bin ich der festen Überzeugung, dass Sie kein Problem sind, das gelöst werden muss, und dass Sie sicher nicht »reparaturbedürftig« sind. Ich hoffe, dass Sie diese Überzeugung teilen, wenn Sie mit der Lektüre dieses Buches fertig sind.

Nehmen Sie sich einen Augenblick Zeit, um darüber nachzudenken, wie Akzeptanz Ihnen dabei helfen kann, Ihre Ziele zu verfolgen.

_____

_____

_____

_____

_____

_____

Eigene Stärken akzeptieren

Lydia begegnet selbst dem größten Geschenk im Leben mit dem gleichen beunruhigenden Gedanken: »Wo ist der Haken?« Wenn sie in ihrer Branche einen wichtigen Wettbewerb gewinnt, denkt sie: »Na, dann haben dieses Jahr wohl nicht so viele teilgenommen.« Wenn ein Mann, den sie mag, sie zum Ausgehen einlädt, versetzt sie das in helle Aufregung – dann ist sie überzeugt davon, dass er einen Fehler gemacht haben muss und sie bald als die blöde Kuh entlarvt werden wird, die sie schließlich ist. Wenn ihr jemand ein Kompliment macht, weicht sie stets aus und gibt das Lob an jemand anderen weiter.

Wenn Sie mit mangelndem Selbstvertrauen zu kämpfen hatten, kommt Ihnen Lydias Geschichte vielleicht bekannt vor. Widerstand zeigt sich nicht nur, wenn wir Schmerz im Leben erfahren. Viele widersetzen sich auch Komplimenten und glücklichen Fügungen, weil sie glauben, sie würden sie nicht verdienen. Besonders Frauen scheuen sich oft, ihre Stärken anzuerkennen, weil sie befürchten, sie könnten sonst als Angeberin gelten oder egoistisch wirken.

Doch bei der Akzeptanz unserer Stärken geht es nicht darum, sich im Vergleich zu anderen besser darzustellen. Sie brauchen sich nicht zu sagen, Sie seien die beste Verkäuferin oder Mutter oder der beste Vater oder Basketballer. Stattdessen versuchen Sie, das Leiden in Ihrem Leben zu mindern, indem Sie den Widerstand reduzieren.

Wenn Sie für etwas schwer gearbeitet haben, erkennen Sie das an. Wenn Sie gute Leistungen bringen oder etwas Neues ausprobieren, gestehen Sie sich zu, Stolz zu empfinden. Wer seine Stärken akzeptiert, setzt seine Schwächen ins Verhältnis, und das ist eine wichtige Grundlage dafür, voller Selbstvertrauen durchs Leben gehen zu können.

PERSÖNLICHE STÄRKEN IDENTIFIZIEREN

Schreiben Sie zum Aufwärmen einige Gedanken zu den Stichpunkten auf der nächsten Seite auf.

Wenn Sie fertig sind, lesen Sie sich Ihre Notizen noch einmal durch. Versuchen Sie, ein Leitmotiv, einen gemeinsamen Nenner zu finden.

Erkennen von Stärken

Komplimente, die ich erhalten habe:	**Herausforderungen, die ich bewältigt habe:**	**Eine wichtige Rolle, die ich eingenommen habe:**
Eine wichtige Aufgabe, an die ich mich herange-wagt habe:	**Fertigkeiten, die mir un-abhängig von der Aufgabe Freude machen:**	**Eine Gelegenheit, bei der ich jemand anderem geholfen habe:**

Schreiben Sie nun drei oder mehr Stärken auf.

_____

_____

_____

_____

WARUM WIR DAGEGEN ANKÄMPFEN,
UNSERE STÄRKEN ZU AKZEPTIEREN

Viele werden zu dem Glauben erzogen, dass die Akzeptanz der eigenen Stärken Hochmut sei. Wir wollen nicht angeben oder vor anderen als überheblich dastehen. Vielleicht gibt es etwas, von dem Sie wissen, dass Sie es gut können, aber von dem Sie glauben, dass das keine große Sache sei und dass es andere auch könnten, wenn sie es nur wirklich versuchten.

Es gibt noch andere Gründe, warum Sie sich gegen den Gedanken sträuben, Ihre Stärken anzuerkennen. Sie glauben vielleicht: »Wenn ich mir sage, dass ich etwas richtig gut mache, denke ich womöglich, ich könnte mich auf meinen Lorbeeren ausruhen. Dann sporne ich mich nicht mehr weiter dazu an, mich zu verbessern.« Womöglich fällt es Ihnen auch schwer, Ihre Stärken als wertvoll anzuerkennen, weil sie nicht in die Norm Ihrer Lebenswelt passen. Beispielsweise arbeiten Sie vielleicht in einer knallharten Unternehmenskultur und würden Ihre Geduld und Ihr Talent, gut zuzuhören, deshalb nicht als nützlich betrachten – schließlich kommt Ihnen auch kein Lob für die stille Stärke anderer Kollegen zu Ohren.

All das ist ganz natürlich. Ich verlange nicht, dass Sie eine Parade für sich abhalten und verkünden, dass Sie der Beste sind, oder sich sagen, dass Sie perfekt sind und es schlicht nichts zu verbessern gibt. Denken Sie daran: Selbstvertrauen ist nicht dasselbe wie Arroganz. Es ist das Wissen, dass Sie im Einklang mit Ihren Werten handeln können, ganz egal, womit Sie im Leben konfrontiert werden. Die meiste Zeit über können Sie dieses Wissen mit sich herumtragen, ohne jemandem zu sagen: »Übrigens bin ich aus diesen und jenen Gründen toll.« Aber manchmal müssen Sie für sich selbst eintreten, um Ziele zu erreichen, die Ihnen wichtig sind, etwa eine Beförderung. Und das geht nicht, wenn Sie Ihre Stärken nicht annehmen.

FEIERN SIE IHRE STÄRKEN

Wir haben oft das Gefühl, nicht genug zu tun. Wir vergleichen uns mit anderen und fragen uns, ob wir nicht genug Zeit mit den Kindern verbringen, uns nicht genug um unsere Gesundheit kümmern oder uns nicht so um unsere Karriere bemühen, wie es nötig wäre. Aber jetzt ist genug mit »genug«! Es ist wichtig, dass wir uns die Zeit nehmen, uns für das zu feiern, was wir richtig gemacht haben. Das kann so aussehen, dass wir uns mit unserer besseren Hälfte entspannen und uns über unsere kleinen Siege des Tages austauschen oder dass wir ein Tagebuch führen, in dem wir uns Anerkennung für die Schritte schenken, die wir auf unsere Ziele hin unternommen haben.

Man darf sich auch ein bisschen in seinen Erfolgen sonnen, und wenn es nur für einen Moment ist. Wenn Sie sich damit schwertun, die freundlichen Worte anderer anzunehmen, üben Sie, einfach »Danke« zu sagen, wenn Sie das nächste Mal ein Kompliment erhalten. Das wird nicht nur Ihnen ein besseres Gefühl verschaffen, sondern auch den anderen, weil Sie sie bei ihrem Bemühen, Ihre Stärken zu würdigen, nicht zurückweisen.

Akzeptieren Sie Ihre Schwächen und Ihre Unvollkommenheit

Jeder hat Schwächen. Diese gehören unterschiedlichen Kategorien an. Es gibt Schwächen, die nichts mit dem zu tun haben, was Ihnen im Leben wichtig ist, und solche, bei denen das durchaus der Fall ist. Es gibt Schwächen, die aus einem Mangel an Informationen oder Bildung resultieren, und es gibt Schwächen aufgrund mangelnder Übung. Bis zu einem gewissen Grad kann man einige Schwächen Ihrer Persönlichkeit oder Ihren natürlichen Talenten zuschreiben. In all diesen Fällen kommt es vor allem darauf an, wie Sie das Blatt spielen, das Sie erhalten haben.

Wie Sie inzwischen wissen, vergrößert Widerstand das Leid. Wenn Sie es vermeiden, öffentliche Reden zu halten, weil Sie schlecht darin sind, obwohl es Teil Ihrer Ziele ist, werden Sie zwar kurzfristig erleichtert sein, aber das wird auf Kosten der langfristigen Befriedigung gehen, an Aufgaben zu wachsen und voranzukommen. Mit der Möglichkeit des Scheiterns konfrontiert zu werden, kann Sie lähmen, und Ihnen kommt es vielleicht sinnlos vor, sich weiter um Verbesserung zu bemühen. Aber wenn man seine Schwäche akzeptiert, kann man sie weniger als beschämenden Makel, sondern eher als eine Gelegenheit wahrnehmen, zu lernen und seine Grenzen zu erweitern.

Wahrscheinlich fallen Ihnen viele Schwächen ein, die für Ihre Grundwerte eigentlich keine große Rolle spielen – aber aus irgendeinem Grund stören Sie sich trotzdem daran. In solchen Situationen kann es sehr befreiend sein, die Scham loszulassen und sich einzugestehen, dass man nicht perfekt ist. Vielleicht wird es Sie überraschen, wie geduldig und hilfsbereit Menschen sein können, wenn Sie Ihre Schwächen zugeben. Nehmen wir an, Sie sind ein leidenschaftlicher und sachkundiger Lehrer, haben aber manchmal Schwierigkeiten mit der für den Unterricht benötigten Technik. Wenn Sie (vielleicht gewürzt mit etwas Selbstironie) zugeben, dass Sie Hilfe brauchen, werden Ihre Schüler wahrscheinlich einspringen und die Dinge im Handumdrehen zum Laufen bringen.

IDENTIFIZIEREN SIE IHRE PERSÖNLICHEN HERAUSFORDERUNGEN

Schreiben Sie zum Aufwärmen einige Gedanken zu den Stichworten auf dem folgenden Arbeitsblatt auf.

Wenn Sie fertig sind, lesen Sie sich Ihre Notizen noch einmal durch. Versuchen Sie, ein Leitmotiv, einen gemeinsamen Nenner zu finden.

Herausforderungen erkennen

Schwächen, die mir bewusst sind:	**Was bringt mich am ehesten zum Aufgeben?**	**Was bringt mich immer wieder zum Stolpern?**

Was behindert mein Vorankommen?	**Rückmeldungen, die möglicherweise auf eine Schwäche hindeuten:**	**Welche Rollen meide ich?**

Schreiben Sie nun drei oder mehr Schwächen oder persönliche Herausforderungen auf.

_____

_____

_____

_____

VERLETZLICHKEIT ZULASSEN

> »UNVOLLKOMMENHEITEN SIND KEINE UNZULÄNGLICHKEITEN;
> VIELMEHR SCHENKEN SIE UNS DIE GEWISSHEIT, DASS WIR ALLE IM GLEICHEN
> BOOT SITZEN.«

BRENÉ BROWN

Unsere Schwächen zu akzeptieren, fällt uns unter anderem deshalb so schwer, weil wir mit dem Gedanken zurechtkommen müssen, dass andere Menschen sie sehen könnten. Manchmal leben wir in der Angst, dass die anderen uns womöglich ganz und gar ablehnen würden, wenn sie uns so sehen würden, wie wir wirklich sind – mit all unseren Kämpfen, unseren Fehlern, unserem Versagen.

Aber Studien belegen, dass das Gegenteil der Fall ist. Durch Verletzlichkeit gehen wir eine Verbindung zum anderen ein. Wenn Menschen sehen, dass Sie besorgt, verängstigt, durcheinander oder fehlerhaft sind, neigen sie dazu, große Erleichterung zu empfinden und Ihnen zu sagen, dass es ihnen ebenso geht.

Mit der eigenen Unvollkommenheit zurechtzukommen, bedeutet nicht, dass Sie allen Menschen in Ihrem Leben jede persönliche Schwierigkeit offenbaren müssen. Aber wenn Sie einen Makel an sich selbst wahrnehmen, für den Sie sich sehr schämen, sollten Sie in Erwägung ziehen, mit einer Vertrauensperson darüber zu sprechen. Wahrscheinlich werden Sie feststellen, dass die Fähigkeit, Ihr Leben authentisch zu leben, Ihnen eine große Last von den Schultern nimmt und Ihnen eine größere Nähe zu den Menschen in Ihrer Umgebung ermöglicht.

GRUNDKURS NEUROWISSENSCHAFTEN

Das menschliche Gehirn entwickelte sich mit dem primären Ziel, für unsere Sicherheit zu sorgen. In prähistorischen Zeiten bedeutete dies, mit dem Rudel mitzuhalten. Wir sind so veranlagt, dass wir merken, wo wir uns von anderen unterscheiden, und unser Verhalten entsprechend anpassen.

Was das bedeutet: Es ist natürlich, dass uns die Meinung anderer über uns wichtig ist. Vergleiche sind normal, wenn auch häufig nicht hilfreich.

Tief in unserem Gehirn befindet sich ein komplexes Angstnetzwerk. Wir sind darauf angelegt, Angst zu registrieren – und entsprechend zu handeln. Das ist die sogenannte Kampf-oder-Flucht-Reaktion (*fight or flight*), wir reagieren also entweder mit einem Fluchtreflex oder gehen zum Angriff über. Sicherheit und Überleben haben in der Natur oberste Priorität, ob wir uns dabei wohlfühlen, ist weniger wichtig.

Was das bedeutet: Wir konzentrieren uns eher auf negative Aspekte, sowohl von uns selbst als auch von den Situationen, in denen wir uns befinden. Wir müssen lernen, diese Voreingenommenheit des Gehirns bewusst außer Kraft zu setzen.

In unserem Gehirn gibt es ein Areal, das wir mit anderen Säugetieren gemeinsam haben und das bei Aktivierung eine sogenannte *Tend and befriend*-Reaktion, also eine Art Kümmer-Reflex auslöst. Beispielsweise sind die Jungen von Säugetieren für ihre Sicherheit darauf angewiesen, sich eng an die Mutter zu binden. Außerdem reagieren Säugetiere auf sanfte, freundliche Berührungen und eine beruhigende Stimme.

Was das bedeutet: Wenn Sie diesen Teil des Gehirns aktivieren, empfinden Sie wahrscheinlich sowohl emotional als auch körperlich weniger Stress. Wie Sie das machen, erfahren Sie später in diesem Kapitel.

EIGNEN SIE SICH EINE WACHSTUMSMENTALITÄT AN

Markieren Sie die Aussage, der Sie am ehesten zustimmen.

A   Entweder bin ich in etwas gut oder eben nicht.
B   Wenn ich will, kann ich lernen, wie ich etwas schaffe.

A   Ich neige dazu, Kritik persönlich zu nehmen.
B   Ich neige dazu, Kritik als Information darüber zu nehmen, wie ich mich verbessern kann.

A   Wenn etwas nicht gut läuft, werfe ich schnell das Handtuch.
B   Wenn etwas nicht gut läuft, betrachte ich das als Herausforderung.

A   Ich halte mich an das, was ich kann.
B   Ich bin offen dafür, Neues zu lernen.

Wenn Sie überwiegend mit »A« geantwortet haben, haben Sie wahrscheinlich das, was die Psychologin Carol Dweck als »fixe Denkweise« bezeichnet. Sie betrachten Ihre Eigenschaften und Fähigkeiten als mehr oder weniger vorbestimmt und in Stein gemeißelt. Hin und wieder hört man, wie Leute in ganz normalen Unterhaltungen auf fixe Denkweisen verweisen, zum Beispiel wenn jemand sagt: »Sie ist eine geborene Komikerin.« Wenn Sie überwiegend mit »B« geantwortet haben, verfügen Sie über eine »Wachstumshaltung«, wie Dweck es nennt. Sie glauben, dass die Frage der Machbarkeit ganz wesentlich von Anstrengung und Einstellung beeinflusst wird.

Falls Sie sich mit einer fixen Denkweise identifizieren: Keine Sorge, viele fangen so an. Aber glücklicherweise kann sich sogar Ihre Einstellung zu Veränderung verändern! Allein das Wissen um diese unterschiedlichen Denkweisen regt oft schon zum Ausprobieren an.

Betrachten Sie einmal Ihre persönlichen Herausforderungen. Gibt es da etwas, in dem Sie sich durch Nachforschungen, Gespräche oder einen Kurs verbessern könnten? Lassen Sie es sich – und zwar ganz ohne Handlungsdruck – durch den Kopf gehen.

Achten Sie auch darauf, wie Sie mit sich selbst sprechen. Schon durch die Umformulierung einzelner Sätze können Sie eine fixe Denkweise in eine Wachstumshaltung verwandeln. Zum Beispiel:

Mit einer fixen Denkweise würde man sagen: »Im Umgang mit Konflikten bin ich nicht besonders gut.«

Aus einer Wachstumshaltung heraus sagt man: »Im Umgang mit Konflikten bin ich bisher nicht besonders gut.«

Durch das kleine Wörtchen »bisher« oder auch ein »noch nicht« entsteht Raum für Veränderung.

Fixe Denkweise = weniger Lernen
Wachstumshaltung = lebenslanges Lernen

Vergeben Sie sich

Vielleicht haben Sie dieses Buch zur Hand genommen, weil Sie in der Vergangenheit Selbstvertrauen hatten, das Ihnen abhandengekommen ist. Womöglich wurde Ihr Selbstwertgefühl erschüttert und Ihre Experimentierfreude geschwächt, weil Sie einen großen Rückschlag erlitten haben oder in einer Ihnen wirklich wichtigen Angelegenheit dramatisch gescheitert sind.

Oder vielleicht auch nicht – vielleicht leiden Sie schon Ihr ganzes Leben lang unter mangelndem Selbstwertgefühl und schätzen sich einfach nicht so ein, dass Sie Erfolg haben könnten. Ganz gleich, wo Sie Ihre Reise in Sachen Selbstvertrauen beginnen: Sie werden unterwegs Fehler machen und Zurückweisung erfahren. Das passiert uns allen! Selbstvertrauen erfordert Taten, und es ist unvermeidlich, dass einige Ihrer Schritte fehlschlagen werden. In diesem Fall müssen Sie sich selbst verzeihen.

SCHULD VERSUS SCHAM

Wenn man lernen will, sich selbst zu vergeben, besteht der erste Schritt darin, den Unterschied zwischen Schuld und Scham zu verstehen. Wenn Sie durch Ihr Handeln jemand anderen verletzt haben, sind Schuldgefühle mitunter sehr nützlich. Sie können Ihr Verhalten überdenken und feststellen: »Das passt nicht zu dem, wie ich sein will.« Dann können Sie sich entschuldigen, es wiedergutmachen und sich in Zukunft anders verhalten.

Scham entsteht durch eine andere Art von Botschaften an uns selbst. Während Schuld mit einer Wachstumseinstellung einhergeht (»Ich habe etwas Schlechtes getan, kann es aber eigentlich besser«), ist Scham die emotionale Manifestation einer fixen Denkweise. Scham drückt aus: »So bin ich eben.«

Schuldgefühle sind zwar furchtbar, gehen aber normalerweise mit Akzeptanz einher: Man weiß, dass man Mist gebaut hat, gesteht sich und anderen das ein und versucht, sich zu ändern. Scham hingegen führt normalerweise zu Widerstand. Man lügt vielleicht, rennt weg, gibt jemandem die Schuld, hat einen Wutausbruch oder versucht auf andere Weise, sich der Situation zu entziehen. Weil bei der Scham unsere Handlungen mit unserem Selbstwert verknüpft sind, befürchten wir, andere könnten bemerken, dass wir kaputt, unzulänglich oder »schlecht« sind, wenn der Grund, warum wir uns schämen, bekannt wird.

Jeder empfindet Scham. Viele von uns haben Stimmen im Kopf, die uns beschämen, indem sie im Kindesalter gehörte Botschaften wiederholen. Dabei merken wir nicht einmal, dass diese Botschaften von niemand anderem wiederholt werden als von uns selbst. Höchste Zeit, diese Art mit sich selbst zu reden, hinter sich zu lassen und zu verstehen, dass man einfach nur Teil der Menschheit ist, wenn man fehlerhaft ist, sich abmüht oder Kummer hat. Willkommen im Klub! Es gibt rein gar nichts an Ihrem Aussehen, Ihrer Erziehungsweise, Ihrem Berufsweg oder sonst etwas, was Sie je die Mitgliedschaft darin kosten könnte oder dazu führen würde, dass Sie nicht wert sind, geliebt zu werden.

WIR ALLE MACHEN FEHLER

Seine Fehler verzeiht man sich nicht nur einmal, man muss es immer wieder üben, denn Fehler passieren unweigerlich!

Selbst wenn Sie noch so sorgfältig planen, kann die Außenwelt Ihnen ins Handwerk pfuschen. Es ist nur natürlich, dass Sie manchmal danebenliegen werden. Oft glauben wir, dass wir mehr Kontrolle über unser Leben haben, als es tatsächlich der Fall ist. Dabei kann uns ein Wetterumschwung, eine Stimmungsschwankung oder eine unhöfliche Bemerkung aus dem Konzept bringen. Falls Sie aus Angst vor Fehlern dazu neigen, nur zögerlich oder gar nicht aktiv zu werden, finden Sie in den Kapiteln 5 und 6 einige Methoden, um den Perfektionismus anzugehen.

Die Tatsache zu akzeptieren, dass Sie Fehler machen werden, bedeutet nicht, dass Sie nicht mehr für Ihr Handeln verantwortlich sind, sondern macht den Kopf frei für sinnvolle Maßnahmen. Wenn Sie durch Ihren Fehler jemandem geschadet haben, gilt es, sich zu entschuldigen und Wiedergutmachung zu leisten. Ist das nicht der Fall, sollten Sie untersuchen, was nicht wie erwartet funktioniert hat, und um Rückmeldung bitten, wie Sie es beim nächsten Mal besser machen können. Wenn Sie nicht tagelang darüber nachdenken, was Sie falsch gemacht haben, finden Sie auch eher kreative oder innovative Lösungen. Aber vor allem werden Sie mehr im Reinen mit sich sein.

Selbstmitgefühl üben

Aikira schaffte es nicht, ihr sechs Monate altes Baby zum Durchschlafen zu bringen. Tagsüber war das Kleine so schwierig, dass es anstrengend war, mit ihm rauszugehen. Obwohl sie völlig erschöpft war, zwang sie sich eines Morgens, eine Krabbelgruppe zu besuchen. Sie wusste, dass es auch für kleine Kinder wichtig war, unter Leute zu kommen, und ihr Mann hatte ihr gesagt, sie würde sich besser fühlen, wenn sie öfter aus dem Haus käme. Dort angekommen mischte sie sich unter die anderen Eltern. Dabei hörte sie, wie die anderen über die Erziehungsratgeber redeten, die sie zuletzt gelesen hatten, und über die Entwicklungsschritte, die ihre Kinder schon hinter sich hatten. Hinterher fühlte sich Aikira noch schlechter als vorher. Sie schaffte es kaum, die Wäsche zu machen, geschweige denn, die neuesten Erziehungsratgeber zu lesen. Als ihr Mann an jenem Abend nach Hause kam, brach sie weinend zusammen. »Ich bin einfach eine furchtbare Mutter.«

Was braucht Aikira Ihrer Meinung nach?

A   Eine ordentliche Portion Schlaf.
B   Mehr Informationen über die Entwicklung im Kindesalter.
C   Eine große Portion Selbstmitgefühl.

Wenn Sie A und C geantwortet haben, liegen Sie richtig. In diesem Abschnitt lernen Sie, wie Ihnen Selbstmitgefühl in Ihren dunkelsten Stunden helfen kann, weil Sie so im Umgang mit schmerzhaften Gefühlen und schwierigen Situationen über ein starkes Mittel verfügen.

DREI KOMPONENTEN DES SELBSTMITGEFÜHLS

Kristin Neff, eine Pionierin auf dem Gebiet der Selbstmitgefühlsforschung, hat entdeckt, dass beim Selbstgefühl drei wichtige Komponenten zum Tragen kommen. Die erste ist Achtsamkeit: das schlichte Bewusstsein dessen, dass man Schmerz empfindet und Aufmerksamkeit benötigt. Die zweite ist Güte: sich im selben Maße Trost und Ermutigung entgegenzubringen, wie man das auch bei einem guten Freund oder einem kleinen Kind tun würde. Und zuletzt gehört zum Selbstmitgefühl auch die Erkenntnis, dass man nicht allein ist: Viele andere erleben Ähnliches. Das soll Ihre persönliche Situation nicht bagatellisieren, sondern Ihnen zu verstehen geben, dass schwere Zeiten zum Mensch-sein dazugehören.

Aikira, die Mutter des 6 Monate alten Babys, war so von Sorge und Selbstzweifeln zerfressen, dass ihr gar nicht auffiel, welchen enormen Druck sie sich selbst auferlegt hatte. Der erste Schritt zu mehr Selbstmitgefühl wäre hier eine achtsame Pause. Sie könnte sich sagen: »Das ist alles wirklich anstrengend. Seit Monaten habe ich nicht mehr richtig geschlafen. Ohne Schlaf funktioniert niemand gut.« Wenn ihr Gedanken wie »Warum schläft mein Kind einfach nicht durch?« oder sogar »Ich hasse es, Mutter zu sein« kommen, darf sie diese ohne Werturteil zur Kenntnis nehmen. Im nächsten Schritt kann sie sich selbst tröstend zusprechen: »Ist schon gut. Mutter zu sein ist echt schwer. Ich bin für dich da.« Vielleicht ist es für Sie seltsam, mit sich selbst zu reden, aber wenn Sie erst einmal begreifen, wie hilfreich das ist, werden Sie davon begeistert sein.

Neff hat herausgefunden, dass ein wesentlicher Teil mitfühlender Selbstbotschaften der Ton ist, in dem wir mit uns sprechen: Er sollte warmherzig, freundlich und hilfsbereit sein. Außerdem fördert Körperkontakt zu sich selbst das Sicherheitsempfinden, wenn man sich beispielsweise eine Hand aufs Herz oder den Unterarm legt. Dieser spürbare, körperliche Ausdruck der Freundlichkeit zeigt dem Körper, dass Sie mit an Bord sind und helfen wollen. Er löst unseren Kümmer-Reflex aus. Zuletzt könnte sich Aikira daran erinnern, dass sie nicht allein ist. Beim Elterntreff mochte zwar der Eindruck entstanden sein, die anderen hätten alles im Griff, doch wahrscheinlich hatten die anderen Eltern auch alle mit eigenen Problemen zu kämpfen. Wenn Aikira lernt, ihren emotionalen Schmerz zu akzeptieren und sich selbst Trost zu spenden, wird sie in der Lage sein, sich im Umgang mit ihrem Kind mehr zu entspannen. Das bedeutet nicht, dass ihr Kind wie durch Zauberei auf einmal durchschlafen wird, aber sie wird besser mit der Situation umgehen können.

HINDERNISSE DES SELBSTMITGEFÜHLS

Manche Menschen zögern, Selbstmitgefühlsübungen auszuprobieren, weil sie befürchten, sie würden Gefahr laufen, den ganzen Tag herumzuliegen, fernzusehen und Chips zu futtern oder dergleichen, wenn sie nett zu sich selbst sind.

Wie sieht es bei Ihnen aus? Kreuzen Sie an, was Sie womöglich davon abhält, Selbstmitgefühl zu praktizieren:

- ☐ Dann geht mir die Motivation verloren.
- ☐ Dann bringe ich nichts mehr zu Ende.
- ☐ Selbstmitgefühl verdiene ich gar nicht.
- ☐ Dann werde ich schwach oder weich.
- ☐ Es fühlt sich zu nachgiebig an.
- ☐ Es könnte zu Selbstmitleid führen.

Das sind keine unbegründeten Ängste, denn wir leben in einer Kultur, die Kritik als Motivation nutzt. Bis zu einem gewissen Grad funktioniert das auch. Überlegen Sie einmal: Wenn Ihr Trainer beim Sport Sie anschreit, wird Sie das wahrscheinlich kurzfristig motivieren, da Sie das Gebrüll und die Demütigung vermeiden wollen. Aber mit der Zeit kann dies Probleme verursachen. Zu viel Kritik kann dazu führen, dass sich die Spieler gedemütigt fühlen, und manche entwickeln Leistungsangst.

Hoffentlich haben Sie in Ihrem Leben einen Trainer oder einen Mentor gehabt, der das Gegenteil getan hat. Anstatt Sie bei einem Fehler anzuschreien, sagte er hoffentlich: »Guter Versuch. Du hast es vermasselt, aber so und so kannst du es besser machen.« Der Trainer beschönigt Ihre Schwächen nicht, sondern spricht sie an, ohne Sie persönlich anzugreifen. Auch Freundlichkeit und Ermutigung können uns anspornen.

Eine wachsende Zahl von Untersuchungen zeigt, dass Selbstmitgefühl:

… **die Produktivität steigert.** Menschen, die einen ermutigenden Selbst-Coaching-Stil anwenden, stellen fest, dass sie tatsächlich mehr erreichen.

… **die Prokrastination verringert.** Selbstmitgefühl unterbricht den Kreislauf von negativen Gedanken und Aufschieberitis. Dadurch steigt die Wahrscheinlichkeit, dass Sie die Projekte, die Sie bisher gemieden haben, endlich abschließen.

… **die Kreativität steigert.** Wenn Sie sich selbst etwas Zuwendung gönnen, kann dies zu höherer Kreativität führen. Es ist auch wahrscheinlicher, dass Sie sich und Ihre Arbeit mehr nach außen zeigen.

Stellt sich nur die Frage: Welche Art Trainer möchten Sie sich selbst sein?

EINE RUNDE SELBSTMITGEFÜHL

Probieren Sie einmal folgende Übung aus:
1. Denken Sie an eine Situation, die Ihnen gerade Schwierigkeiten bereitet.
2. Nehmen Sie eine Haltung ein, die Selbstmitgefühl ausdrückt. Legen Sie sich beispielsweise eine Hand aufs Herz.
3. Sagen Sie sich in freundlichem Tonfall: »Das ist eine leidvolle Erfahrung« oder »Das ist gerade aber auch wirklich schwierig«.
4. Atmen Sie ein paar Mal tief durch und lassen Sie die Worte auf sich wirken.
5. Sagen Sie sich: »Zu leiden gehört zum Leben dazu. Anderen geht es genauso.« Atmen Sie noch ein paar Mal tief durch.
6. Zum Abschluss sagen Sie sich: »Möge ich in dieser Zeit freundlich zu mir sein und mir die Güte entgegenbringen, die ich brauche.« Wiederholen Sie diese Worte so oft wie nötig, bis Sie sie verinnerlicht haben.

Es ist völlig in Ordnung, wenn Sie sich während der Übung ein wenig rührselig gefühlt haben. Im Abschnitt »Weiterführende Informationen« (Seite 169) liste ich Quellen auf, wo Sie eine ganze Reihe Übungen für das Selbstmitgefühl finden – da ist bestimmt auch für Sie das Passende dabei!

Selbstliebe

Man sollte meinen, sich selbst zu lieben – mit Fehlern und Makeln und allem – sollte nicht so schwer sein, aber irgendwie geht uns die bedingungslose Akzeptanz doch abhanden. Trotzdem brauchen wir Selbstliebe, um unsere Ziele zu verfolgen und ein selbstbewusstes Leben zu führen.

Selbstliebe ist ein Prozess. Diese Erkenntnis ist sehr wichtig, und wir müssen dort anfangen, wo wir stehen. Nicht jeder liebt sich selbst auf Anhieb mit Hingabe. Das ist normal und völlig in Ordnung.

LIEBE IST UNSER GEBURTSRECHT

Vielen meiner Kunden und auch mir selbst hat der Gedanke geholfen, dass wir alle auf die gleiche Art zur Welt kommen: hilflos, mit ausgestreckten Armen, in der Erwartung, gehalten, gefüttert und geliebt zu werden. Im Idealfall wird ein Baby sofort in die Arme genommen, und es hört die Freude seiner Eltern, wenn sie sagen: »Willkommen auf der Welt, Kleines. Wir freuen uns so, dass du da bist.«

Mit etwas Glück werden unsere Bedürfnisse die meiste Zeit über befriedigt. Liebe ist unser Geburtsrecht.

In einem Krankenhaus, in dem ich einmal gearbeitet habe, wurde bei jeder Geburt eines Kindes ein Schlaflied über den Lautsprecher gespielt. In meinem jetzigen Bürogebäude ist es eine Selbstverständlichkeit, dass Eltern in Elternzeit irgendwann auf einen Besuch vorbeikommen und das Baby mitbringen. Dann kommen alle herbeigerannt, um sie zu sehen, das Baby im Arm zu halten und die Anekdoten zu hören. Neues Leben hat etwas Magisches an sich.

Was, wenn wir uns selbst so versorgen könnten wie ein neugeborenes Baby? Wie würde sich das wohl anfühlen? Wie könnte das aussehen? Inwiefern wäre unser Leben anders?

Eine befreundete Bloggerin, Kristin Noelle, meint, es sei wahr, dass wir unschuldig geboren werden. Sie ergänzt aber auch: »Wir sind immer noch unschuldig. Wir machen absolut alles falsch und verletzen uns und einander auf jede mögliche Weise. Aber im Grunde genommen glaube ich, dass jeder von uns aufgrund seiner Veranlagung und seiner Lebenserfahrungen das Beste tut, was er kann.«

WIE ANFANGEN?

Beim Erlernen der Selbstliebe können wir den gleichen Ansatz wählen wie für den Aufbau von Selbstvertrauen: Wenn die Gefühle schlicht noch nicht da sind, fängt man mit Taten an. Das kann so aussehen, dass man sich um seinen Körper kümmert, ein Thema, das wir im nächsten Kapitel genauer besprechen werden. Es kann auch bedeuten, dass man sich darum bemüht, sein Leben ein wenig einfacher zu gestalten oder mehr Spaß zu haben. Ein einfacher Akt der Selbstliebe könnte zum Beispiel sein, sich am Abend die Kleider für den nächsten Tag herauszulegen und Pausenbrote zu schmieren, damit es am Morgen weniger hektisch zugeht. Gut möglich, dass Sie sich dann sagen: »Bin ich froh, dass ich das getan habe!« – ein kleiner Anflug von Dankbarkeit, der Ihre Einstellung zu sich selbst positiver werden lässt.

Überlegen Sie, wie Sie einem anderen Menschen oder einem Familienmitglied Ihre Liebe zeigen. Überraschen Sie sie mit Blumen, Süßigkeiten oder Eintrittskarten für ein Spiel ihrer Lieblingsmannschaft? Machen Sie ihnen morgens Kaffee oder kochen Sie ihnen am Ende eines langen Tages ihr Lieblingsessen? Stellen Sie sich nun vor, Sie wären der geliebte Mensch: Welche Gefälligkeiten könnten Sie sich erweisen?

Eine weitere Methode ist eine »Lieblingsliste«: Schreiben Sie Aktivitäten auf, die Ihnen Freude bereiten und die Sie gut in Ihrer Wochenplanung unterbringen können. Das könnten Schaumbäder sein oder Kreuzworträtsel, eine Runde Golf ... was auch immer Ihr Herz höherschlagen lässt. Und wenn Sie dann eine kleine Aufmunterung brauchen, kommen Sie darauf zurück.

My Love List

DER FAKTOR ANGST: AKZEPTANZ EINÜBEN

Wer daran gewöhnt ist, sich der Realität zu verweigern, für den ist Akzeptanz beängstigend. Wir waren alle schon einmal in einer Situation, in der wir lieber davongelaufen wären, als uns dem Ereignis zu stellen. Manchmal sagen wir uns, die Probleme würden schon von allein verschwinden, wenn wir nur so tun, als wäre alles in Ordnung. Das ist leichter, als mit den wahren Umständen zurechtzukommen, ob wir nun in finanzielle Schwierigkeiten geraten sind, zugenommen oder zu lange in einer unglücklichen Beziehung verharrt haben.

Aber nur weil man etwas akzeptiert, heißt das noch lange nicht, dass man klein beigibt oder zulässt, dass es zu einem Dauerzustand wird. Je eher Sie sich mit der Leiche im Keller befassen, desto früher werden Sie sehen, dass es nicht so schlimm ist wie gedacht. Sie sind voll und ganz dazu in der Lage, ein schönes und erfülltes Leben zu führen, und zwar ganz egal, was sich da im Keller versteckt.

An der Akzeptanz ist außerdem beängstigend, dass man sich mitunter gegen Botschaften von anderen wehren muss. Vielleicht sagt Ihnen jemand, dass Sie auf die eine oder andere Weise nicht den Erwartungen entsprechen. Es erfordert eine Menge Mut, sich zu wehren und zu sagen: »Eigentlich bin ich mit mir glücklich, wie ich bin.« Aber diesen Mut haben Sie in sich! Wenn Sie für sich einstehen, erweisen Sie sich selbst und vielen anderen einen Dienst.

Nehmen Sie sich einen Moment Zeit, um über Ihre eigenen Ängste oder Befürchtungen in Hinblick auf die Akzeptanz nachzudenken. Was hält Sie davon ab, sich selbst und Ihre Lebensumstände zu akzeptieren?

_____

_____

_____

_____

_____

Es ist nicht schlimm, Angst zu haben oder zu befürchten, man könne sich einfach nicht selbst akzeptieren. Beginnen Sie mit winzig kleinen Schritten. Sie werden feststellen, dass es mit der Zeit immer normaler werden wird.

Resümee zum Kapitelende

Selbstakzeptanz ist eines der lohnenswertesten Prinzipien, die man sich im Leben aneignen kann. Sie dient als Grundlage für den Rest der Selbstvertrauenstechniken in diesem Buch. Im nächsten Kapitel zeige ich Ihnen, wie Sie mithilfe von Atmung, Körperhaltung und anderen Maßnahmen Ihre Angstgefühle reduzieren und sich in jeder Situation selbstbewusster fühlen.

HANDLUNGSEMPFEHLUNGEN

Hier nun einige konkrete Handlungsempfehlungen für die praktische Umsetzung der Lektionen und Grundgedanken dieses Kapitels:

1. Erweisen Sie sich selbst Anerkennung: Schreiben Sie drei Dinge auf, die Sie heute gut gemacht haben (oder erzählen Sie jemandem davon).
2. Wenn Sie das nächste Mal ein Kompliment bekommen, sagen Sie »Danke« und belassen es dabei.
3. Erledigen Sie diese Woche eine Sache auf Ihrer Lieblingsliste (siehe Seite 78), um Ihre Stimmung zu heben.
4. Machen Sie den Test zum Selbstmitgefühl online: http://self-compassion.org/test-how-self-compassionate-you-are. Die Übersetzung des Tests finden Sie unter https://www.soz.psy.unibe.ch/ueber_uns/personen/hupfeld_heinemann_joerg/e76768/files76777/SelfCompassionScaleLangformDEUTSCH.pdf
5. *Entdecken Sie Selbstmitgefühlsmeditationen in der kostenlosen Insight-Timer-App. Die App liegt auch in deutscher Sprache vor.*

KAPITEL 4

DEN KÖRPER BERUHIGEN

· · · · · · · · · · · · · ·

»UNSER KÖRPER BEEINFLUSST UNSER BEWUSSTSEIN. UND UNSER BEWUSSTSEIN IST IN DER LAGE, UNSER VERHALTEN ZU BEEINFLUSSEN. UND UNSER VERHALTEN VERMAG DAS ERGEBNIS ZU VERÄNDERN.«

AMY CUDDY

André war Leiter der Unternehmenskommunikation in einer großen Firma, verlor aber im Zuge von Umstrukturierungsmaßnahmen seinen Arbeitsplatz. Nachdem er sich in seiner Position viele Jahre lang sehr zufrieden und zuversichtlich gefühlt hatte, war er nun darauf angewiesen, Online-Jobbörsen zu durchforsten, Bewerbungen zu verschicken und zu hoffen, dass sein Lebenslauf das Interesse eines Personalverantwortlichen wecken würde.

Aufgrund von Andrés Lebenserfahrung stießen seine Bewerbungen auf großes Interesse und er wurde zu mehreren Vorstellungsgesprächen eingeladen. Aber jedes Mal schien etwas schiefzugehen. Bei manchen Fragen geriet André ins Stocken. Und manchmal hatte er das Gefühl, dass der Arbeitgeber jemand Jüngeren suchte.

André begann, an sich selbst zu zweifeln. Es musste doch sicher irgendwie an ihm liegen, wenn er immer wieder Absagen für Stellen erhielt, für die er eigentlich in hohem Maße qualifiziert war. Als er seine Freunde um Hilfe bat, meinten diese, dass seine Antworten bestimmt nicht das Problem waren. Stattdessen lag es ihrer Meinung nach wohl daran, wie er sich präsentierte. Ein Freund schlug ihm vor, er sollte sich den Bart abrasieren, damit er jugendlicher wirke. Ein anderer meinte, er solle extrovertierter und freundlicher auftreten. Seine Frau wies ihn daraufhin, dass er distanziert und kurzangebunden wirkte, wenn *er nervös war. Jeder gut gemeinte Ratschlag ließ André nur noch mehr an seiner Wirkung in Gesprächssituationen zweifeln. Er sah ein, dass sein Fachwissen allein ihm keine neue Stelle einbringen würde. Um als selbstbewusst wahrgenommen zu werden, würde er die Botschaften feiner abstimmen müssen, die er mittels seiner Körpersprache, seines Tonfalls und sogar seines Erscheinungsbilds vermittelte.*

In diesem Kapitel erfahren Sie, dass Sie für den Aufbau von Selbstvertrauen nicht nur Ihren Verstand benutzen, sondern auch an Ihrem Körper arbeiten müssen. Ich zeige Ihnen bewährte Methoden, um Ihren Körper zu beruhigen, damit Sie selbst in aufreibenden Situationen wie einem Vorstellungsgespräch Ihr Bestes geben können. Sie lernen wirkungsvolle Achtsamkeits-, Dankbarkeits- und Entspannungstechniken und erhalten Selbstfürsorge-Tipps für das körperliche Wohlbefinden. Und schließlich erkläre ich Ihnen, wie Sie sich Ihre Körperhaltung zunutze machen, um Angstgefühle zu reduzieren und mehr Selbstvertrauen auszudrücken.

Überdenken Sie Ihre Ziele

Finden Sie sich in Andrés Geschichte wieder? Überlegen Sie einmal, ob Ihr Körper vielleicht einmal eine weniger selbstbewusste Haltung ausstrahlte oder Sie so nervös waren, dass Sie nicht Ihrem Potenzial entsprechend Leistung bringen konnten. Schreiben Sie auf, was geschah und wie sich das anfühlte.

Achtsamkeit

Das Thema Achtsamkeit habe ich in Kapitel 2 bereits in Form einer Atemübung gestreift. Erinnern Sie sich daran, dass Achtsamkeit bedeutet, mit einer offenen, vorbehaltlosen und neugierigen Haltung bewusst auf den Augenblick zu achten. Achtsamkeit ist eine Möglichkeit, den Geist in eine nützliche Richtung zu lenken. Sie kennen doch die Redensart: »Du bist, was du isst.« Das Gleiche gilt für unseren Verstand: Wir sind, worauf wir unsere Aufmerksamkeit lenken.

Indem Sie Ihre Aufmerksamkeit auf eine bestimmte Weise lenken, hilft Ihnen die Achtsamkeit, mehr innere Ruhe zu entwickeln; so erhöht sich die Chance, dass Sie selbst die schwierigsten Herausforderungen meistern. Ein starker, durch regelmäßiges Training aufgebauter »Achtsamkeitsmuskel« ist ein wichtiges Werkzeug in Ihrem Werkzeugkasten für mehr Selbstvertrauen.

Ehe wir weitermachen, möchte ich noch einige Vorurteile über die Achtsamkeit entkräften, die Ihnen die unvoreingenommene Lektüre des folgenden Abschnitts vielleicht erschweren.

VORURTEILE ÜBER DIE ACHTSAMKEIT – UND DIE FAKTEN

- Um Achtsamkeit zu praktizieren, brauchen Sie nicht an etwas Bestimmtes zu glauben. Es gibt zwar in vielen Religionen kontemplative Praktiken (zum Beispiel Meditation, zentrierende Gebete), aber die hier vorgestellten Versionen sind rein weltlicher Natur.
- Achtsamkeit ist nichts Exotisches, Mysteriöses oder nur wenigen vorbehalten. Sie brauchen nicht im Schneidersitz zu sitzen und auch keine Räucherstäbchen anzuzünden (können das aber natürlich gern tun, wenn Sie wollen).
- Achtsamkeit kann Meditation im klassischen Sinne beinhalten, muss es aber nicht. Manche Menschen beginnen regelmäßig zu meditieren, wenn sie einmal auf den Geschmack der Achtsamkeit gekommen sind, aber notwendig ist das nicht.
- Achtsamkeit ist kein Allheilmittel. Als das Prinzip der Achtsamkeit Einzug in die Mainstream-Kultur hielt, entstand der Eindruck, Achtsamkeit sei so effektiv, dass sie von Depressionen bis hin zu chronischen Schmerzen alles heilen könne. Achtsamkeit kann zwar bei vielen Erkrankungen helfen, ist aber in der Regel keine eigenständige Heilmethode. Wenn Sie an einer Depression oder Angststörung leiden oder ein Trauma erlitten haben, arbeiten Sie bitte mit einem Psychologen zusammen.

Haben Sie Achtsamkeit schon einmal ausprobiert?

☐ Ja
☐ Nein

Welche Erfahrungen haben Sie gemacht?

☐ Positive
☐ Negative
☐ Neutrale

Kreuzen Sie bitte die Vorurteile über Achtsamkeit an, die Sie auch einmal geglaubt haben:

☐ Achtsamkeit hat mit Religion zu tun.
☐ Achtsamkeit ist mysteriös.
☐ Man muss meditieren, um Achtsamkeit zu praktizieren.
☐ Achtsamkeit löst alle Probleme.

GRUNDLAGEN DER ACHTSAMKEIT

Die meisten Achtsamkeitspraktiken enthalten ähnliche Anweisungen:

Bringen Sie Ihre Aufmerksamkeit in den gegenwärtigen Moment. Zur Vereinfachung wählen Sie etwas aus, was Sie beobachten sollen. Das kann Ihre Atmung sein, aber auch die Geräusche um Sie herum, Empfindungen in einem Körperteil (zum Beispiel in den Händen) oder die Wahrnehmung des ganzen Körpers.

Beobachten Sie, was in diesem Augenblick geschieht. Wenn Sie sich auf den Atem konzentrieren, achten Sie darauf, wo Sie ihn am stärksten spüren – in den Nasenflügeln vielleicht oder in der Brust oder im Bauch. Wenn Sie möchten, können Sie beim Einatmen leise »Ein« und beim Ausatmen »Aus« sagen; eine leise gedankliche Ergänzung, die Ihnen hilft, fokussiert zu bleiben. Wenn Sie sich auf Ihre Hände konzentrieren, können Sie fragen: »Fühlen sie sich warm an? Kribbeln sie?« Indem Sie sich auf Ihre Wahrnehmung in genau diesem Augenblick konzentrieren, können Sie sich leichter von der Vergangenheit lösen, die Sie ohnehin nicht verändern können, und von der Zukunft, die unsicher ist.

Achten Sie darauf, wann sich Ihre Aufmerksamkeit verlagert. Irgendwann werden Sie feststellen, dass Sie sich in einer langen Geschichte (über etwas, was Ihr Chef gestern zu

Ihnen gesagt hat) oder einer kleinen Unpässlichkeit (Ihr Bein schläft ein) verloren haben. Das kann ein paar Sekunden oder ein paar Minuten nach Beginn der Übung passieren und ist überhaupt kein Problem! Es bedeutet nicht, dass Sie etwas falsch gemacht haben. Die Meditationsexpertin Sharon Salzberg bezeichnet dies als »den magischen Moment« und einen ganz entscheidenden Faktor der Übungspraxis. Der Punkt, an dem Sie bemerken, dass Ihre Gedanken abschweifen, ist der Moment, in dem Sie die Chance haben, etwas zu verändern. Anstatt mit sich zu schimpfen (»Ich bin so schlecht darin«), seien Sie nett zu sich, und fangen Sie einfach wieder von vorn an, indem Sie sich wieder auf Ihr Beobachtungsobjekt konzentrieren.

Das wars schon. Die drei grundlegenden Anweisungen sind ganz einfach. Sie werden jedoch feststellen, dass sie deswegen keineswegs leicht sind! Üben hilft, und zwar ganz enorm. Außerdem helfen auch die folgenden Tipps.

ACHTSAMKEITSTIPPS

Anfänger finden hier einige praktische Vorschläge, wie Achtsamkeitspraktiken in den Alltag integriert werden können. Nehmen Sie sich für jeden Tag nur ein paar Minuten Achtsamkeit als Ziel vor. Wenn Sie die Übungen ausweiten wollen, finden Sie im Abschnitt »Weiterführende Informationen« (Seite 169) Verweise auf hilfreiche Bücher, Apps und Podcasts.

Finden Sie Ihren Stil. Wenn Sie den ganzen Tag am Schreibtisch sitzen, sind Achtsamkeitsübungen auf einem Stuhl oder Kissen zu Hause vielleicht nicht das Richtige. Möglicherweise wären Achtsamkeitsübungen im Gehen passender.
Seien Sie flexibel. Manchen Menschen fällt langes Sitzen schwer, weil sie unter chronischen Schmerzen oder anderen gesundheitlichen Problemen leiden. Zeitschriftencover zeigen junge Körper im Lotussitz, aber Achtsamkeit kann man genauso gut im Liegen, Gehen oder Stehen praktizieren wie im Sitzen. Hören Sie auf Ihren Körper und üben Sie in der für Sie günstigsten Position.
Halten Sie Ihre Erwartungen realistisch. Denken Sie daran, dass Achtsamkeit nicht die Lösung aller Probleme darstellt und in Ihrem Leben dadurch nicht automatisch alles friedlich verlaufen wird.

Ich hoffe, dass Ihnen eines auffällt: Dass Sie nämlich die Wirkung dieser Achtsamkeitsübungen im Laufe der Zeit in Ihrem Leben spüren, so unbedeutend sie Ihnen im Einzelnen auch vorkommen mögen. Beispielsweise halten Sie vielleicht kurz inne, ehe Sie eine wichtige

ACHTSAMKEIT – EIN-MINUTEN-ÜBUNGEN

Versuchen Sie es einmal mit diesen Übungen – dafür benötigen Sie weniger als eine Minute.

1. Machen Sie sich bewusst, dass Sie gerade völlig sicher sind. Atmen Sie? Check. Jon Kabat-Zinn erinnert uns daran: »Wenn Sie atmen, ist bei Ihnen mehr in Ordnung, als im Argen liegt.«

2. Atmen Sie tief ein. Stellen Sie sich vor, Sie würden weißes Licht einatmen und dunkle Wolken ausatmen. Wiederholen Sie dies.

3. Streicheln Sie Ihre Katze oder Ihren Hund und lassen Sie sich auf das Gefühl des Fells unter Ihrer Hand ein. Lassen Sie den bedingungslos liebevollen Blick Ihres Tieres auf sich wirken.

4. Machen Sie die folgende »5-4-3-2-1«-Übung, die alle Sinne anspricht: Notieren Sie 5 Dinge, die Sie sehen, 4, die Sie hören, 3, die Sie berühren, 2, die Sie riechen, und 1, das Sie schmecken können.

5. Stellen Sie sich vor, Sie müssten einen Brief an einen Freund verfassen, in dem Sie diesen Augenblick so detailliert wie möglich beschreiben. Wie würden Sie die Szene darstellen?

6. Konzentrieren Sie sich einen Moment lang auf jeden Teil Ihres Körpers, von den Zehen bis zum Kopf, und denken Sie bei jedem Atemzug: »Meine Füße dürfen entspannt sein ... Meine Waden dürfen entspannt sein ... Meine Knie dürfen entspannt sein«, und so weiter.

7. Nehmen Sie sich während einer Mahlzeit eine Minute Zeit, um sich ohne Ablenkungen voll und ganz auf das Essen zu konzentrieren. Essen Sie bewusst langsam, achten Sie auf den Geschmack des Gerichts und auf die Dankbarkeit, die Sie für die Mahlzeit empfinden.

8. Stellen Sie sich vor, an Ihnen fließt ein Bach vorbei. Wenn ein Gedanke in Ihrem Kopf auftaucht, stellen Sie sich diesen als ein Blatt auf dem Bach vor, das langsam vorbeitreibt und aus dem Blickfeld verschwindet.

9. Denken Sie an Ihre Hände. Was haben Ihre Hände heute für Sie getan? Achten Sie darauf, ob Ihnen Sorgen oder Bewertungen über Ihre Hände durch den Kopf gehen. Welche Empfindungen spüren Sie gerade in den Händen? Lassen Sie Ihre Gedanken kommen und gehen.

10. Wählen Sie einen Gegenstand in Ihrer Umgebung, und tun Sie so, als hätten Sie ihn noch nie gesehen. Nehmen Sie seine Farbe, Beschaffenheit, Form und seinen Schatten unvoreingenommen und neugierig wahr.

E-Mail abschicken, oder Sie besinnen sich schneller, wenn Sie merken, dass Sie sich selbst gegenüber gerade wirklich fies waren. Achtsamkeit ebnet den Weg zu einem positiveren und selbstbewussteren Ich.

Entspannung

Stress kann zu Gefühlen von Kontrollverlust führen, was das Selbstvertrauen untergräbt. Wenn Sie sich überfordert fühlen oder vor einer Herausforderung stehen, die Ihnen sehr viel bedeutet, sind fast immer körperliche Symptome der Angst die Folge. Ihre Aufmerksamkeit wird möglicherweise durch einen rasenden Puls und schwitzende Handflächen von dem Moment abgelenkt, aber mit etwas Übung wird es Ihnen gelingen, sich mithilfe von Entspannungstechniken zu beruhigen.

Indem Sie sich entspannen, bringen Sie nicht nur Ihrem Körper bei, anders auf die Ereignisse um Sie herum zu reagieren; Sie ändern auch Ihre Denkweise über Situationen oder Aufgaben, vor denen Sie sich zuvor fürchteten. Wenn Sie sich diesen Situationen stellen und sie mithilfe dieser Entspannungstechniken besser bewältigen, wird Ihre Angst ab- und Ihr Selbstvertrauen zunehmen.

BAUCHATMUNG

In der Achtsamkeitspraxis benutzen wir den Atem als Anker, versuchen aber nicht, ihn in irgendeiner Weise zu manipulieren. Wir spüren die Atmung ganz einfach und nehmen diese Empfindung bewusst wahr. Es gibt auch spezielle Atemtechniken, die beim Fokussieren und Beruhigen helfen, was eine gute Vorbereitung auf Selbstwertprobleme aller Art darstellt.

Die unten beschriebene Atemtechnik wird oft als Bauch- oder Zwerchfellatmung bezeichnet. Benannt ist sie nach dem großen, schirmförmigen Muskel, der den Brustraum von der Bauchhöhle trennt.

Über die Zwerchfellatmung sollte man im Wesentlichen vier Dinge wissen:

1. Atmen Sie durch die Nase. Das Atmen durch den Mund begünstigt Hyperventilation.
2. Beim Einatmen sollte sich der Bauch nach vorne wölben. Sie können sich das so vorstellen, dass Sie Platz für die eingeatmete Luft schaffen. Beim Ausatmen wird Ihr Bauch kleiner, weil Sie die Luft ausstoßen.
3. Konzentrieren Sie sich darauf, Ihre Atmung auf etwa acht bis zehn Atemzüge pro Minute zu verlangsamen. Dies ist nur ein allgemeiner Richtwert; Sie brauchen nicht jedes Mal mitzuzählen.
4. Atmen Sie länger aus, als Sie einatmen. Bemühen Sie sich wirklich darum, die gesamte Luft aus Ihren Lungen zu pressen. Wenn Sie beim Einatmen beispielsweise bis vier zählen, zählen Sie beim Ausatmen bis sechs.

Am einfachsten lernt man diese Atemtechnik, indem man sich auf den Boden legt oder auf einen Stuhl setzt und sich eine Hand genau auf den Nabel legt. Spüren Sie nach, wie sich die Hand beim Einatmen und Ausatmen hebt und senkt. Halten Sie sich dabei an die oben genannten Punkte. Üben Sie das zweimal am Tag fünf Minuten lang. Indem Sie sich ganz bewusst dazu entschließen, ruhiger zu atmen, verschaffen Sie sich die Möglichkeit, klarer über Ihre Reaktion auf Ihr Erleben nachzudenken, anstatt reflexhaft darauf anzusprechen.

Mit dem Entspannungstagebuch auf der folgenden Seite behalten Sie den Überblick über Ihre Entspannungsübungen.

Entspannungstagebuch

Mit dieser Tabelle behalten Sie den Überblick über Ihre Entspannungsübungen (Atmung sowie Progressive Muskelentspannung). Schreiben Sie sich Datum und Zeit auf, die Art der Übung sowie das Anspannungs-/Entspannungsniveau am Anfang und am Ende der Übung. Dabei steht 0 für »sehr entspannt« und 10 für »sehr angespannt«.

Datum/Zeit	Art der Übung	Anspannungs-/ Entspannungsniveau am Anfang (0–10)	Anspannungs-/Entspannungsniveau am Ende (0–10)

PROGRESSIVE MUSKELENTSPANNUNG

Ziel der Progressiven Muskelentspannung ist es, den Unterschied zwischen einem ange-spannten und einem entspannten Zustand der Muskeln bewusst wahrzunehmen. Mit etwas Übung ist man schnell in der Lage, Verspannungen zu lokalisieren und die problematischen Bereiche sofort zu entspannen.

So geht es:

1. Begeben Sie sich an einen gemütlichen und ruhigen Platz und setzen oder legen Sie sich hin.
2. Atmen Sie tief in den Bauch (Zwerchfellatmung).
3. Unten finden Sie Muskelgruppen aufgelistet, die Sie bitte jede der Reihe nach anspan-nen. Achten Sie darauf, wie sich die Anspannung anfühlt. Halten Sie die Spannung fünf bis zehn Sekunden lang.
4. Lockern Sie den Bereich ganz bewusst. Konzentrieren Sie sich darauf, wie entspannt sich der Muskel anfühlt.
5. Atmen Sie noch einmal tief durch.
6. Wiederholen Sie diesen Prozess für jede Muskelgruppe.

Dies sind die Hauptbereiche des Körpers. Wenn Sie in einem davon Schmerzen empfinden, hören Sie bitte sofort mit der Übung auf und lassen diesen Bereich zukünftig weg.

- Rechter Fuß, danach linker Fuß
- Rechte Wade, danach linke Wade
- Rechter Oberschenkel, danach linker Oberschenkel
- Hüften und Gesäß
- Bauch
- Brustkorb
- Rücken
- Rechter Arm und Hand, danach linker Arm und Hand
- Nacken und Schultern
- Gesicht

Die gesamte Abfolge dürfte ungefähr 15 bis 20 Minuten dauern. Denken Sie daran: Ziel ist, den Unterschied zwischen Anspannung und Entspannung bewusst und deutlich zu spüren.

Wenn Sie sich an die Progressive Muskelanspannung gewöhnt haben, können Sie irgend-wann das Anspannen ganz weglassen und sich stattdessen voll darauf konzentrieren, nacheinander jeden Körperbereich bewusst zu entspannen. Weisen Sie sich innerlich an, jeden Muskel zu entspannen, und erlauben Sie der Anspannung, sich mühelos aufzulösen. Sie können die Entspannung verstärken, indem Sie sich vorstellen, der jeweilige Muskel sei schwer und warm. Das verkürzt die Dauer des Prozesses und ermöglicht es Ihnen, den Entspannungszustand schneller zu erreichen.

Ihren Übungsfortschritt behalten Sie mit demselben Entspannungstagebuch wie für die Bauchatmung im Blick.

Dankbarkeit

Dankbarkeit gehört zu den wirksamsten Beruhigungstechniken, besonders wenn Sie der Meinung sind, dass es nicht viel gibt, wofür Sie dankbar sein können. Wie Sie in Kapitel 3 gelernt haben, konzentriert sich unser Verstand von Natur aus eher auf negative Ereignisse und blendet die Fülle an Segnungen, die uns umgeben, allzu schnell aus. Wenn Sie dieses Buch in der Hand halten, haben Sie wahrscheinlich auch Zugang zu Nahrung, Unterkunft, sanitären Einrichtungen und Sicherheit. Ist das nicht ein wahres Geschenk? Unsere Ängste neigen dazu, sich zu vergrößern, doch praktizierte Dankbarkeit hilft uns, sie zu verkleinern, indem wir sie in Relation zu all dem sehen, was gut läuft.

DANKBARKEIT FÜR DAS GUTE

Mangelndes Selbstvertrauen geht oft mit einer Mangelmentalität einher. Wir denken, dass es uns an Schönheit, Klugheit, Disziplin oder Tatkraft fehlt, um an unser Ziel zu kommen. Aber in Wirklichkeit sind wir zumeist von Überfluss umgeben. Versuchen Sie es einmal damit: Wenn Sie sich bei dem Gedanken daran ertappen, was Ihnen in einem bestimmten Lebensbereich fehlt, machen Sie eine Bestandsaufnahme dessen, was Sie haben.

Beispiel gefällig?

Mangelmentalität: Ich verdiene nicht so viel wie die anderen in meinem Bekanntenkreis.
Überflussmentalität: Ich habe eine Arbeitsstelle. Ich bringe Essen nach Hause. Ich habe ein Zuhause. Ich kaufe Kleider für meine Kinder. Ich habe ein bequemes Bett. Ich habe ein Telefon und einen Fernseher. Ich bin in der Lage, weiter entfernt lebende Verwandte jedes Jahr zu besuchen. (Und so weiter.)

Mangelmentalität

_____

_____

_____

Überflussmentalität

_____

_____

_____

Studien belegen, dass Dankbarkeitsübungen Grübeleien reduzieren, Lebensfreude steigern und zur allgemeinen Zufriedenheit beitragen. Zudem verbessern sie den Schlaf; viele Menschen empfinden es als hilfreich, vor dem Schlafengehen ein Dankbarkeitstagebuch zu führen. Vor dem Einschlafen können Sie statt Schäfchen auch einfach all das Gute in Ihrem Leben aufzählen. So werden die angsteinflößenden Gedanken, die sich nachts einschleichen, durch das Nachdenken über Gesundheit, Liebe, Sicherheit, Spaß und Sinn im Leben ersetzt.

DANKBARKEIT NACH TRAUMA

Wir alle haben zutiefst schmerzhafte Erfahrungen gemacht, die wir am liebsten ungeschehen machen würden: sei es der Tod einer geliebten Person, eine furchtbare Verletzung, eine gescheiterte Ehe. Solche Erlebnisse geben unserem Lebensweg eine entscheidende Wendung und können unsere Persönlichkeit nachhaltig beeinflussen. Das sind die Schattenseiten des Lebens, die uns häufig auf die ausgetretenen Pfade von Schmerz, Angst und Selbstzweifel bringen.

Es ist jedoch möglich, seine Denkweise zu verändern und sich darauf zu konzentrieren, was nach dem entsetzlichen Ereignis geschehen ist. Die größten Herausforderungen im Leben bringen oft Stärken ans Licht, von denen wir gar nichts wussten. Unser Horizont erweitert sich, und wir beginnen, das Leben als kostbar und vergänglich zu betrachten. Wir sind sanftmütiger und freundlicher zu anderen. Wir entwickeln ein dickeres Fell. Wir lernen, wer sich wirklich um uns kümmert und wie wir wirklich gestrickt sind. Wir stellen fest, dass der ursprünglich eingeschlagene Weg auch so seine Schwachpunkte hatte.

Studien über posttraumatisches Wachstum zeigen, dass Dankbarkeitsübungen in Hinblick auf solche Veränderungen resilienter machen und dazu weniger ängstlich, weniger nachtragend und weniger in der Vergangenheit verhaftet. Wohlgemerkt erwartet kein Mensch, dass man für das negative Lebensereignis an sich dankbar ist. Möglich, dass die eine oder andere schmerzhafte Erfahrung sich im Nachhinein als Segen erweist, doch manches ist und bleibt schlichtweg eine Tragödie. Indem Sie aber erkennen, welche wunderbaren Entwicklungen in Ihrem Leben sich aus diesen dunklen Tagen ergeben haben, werden Sie eher imstande sein, der unbekannten Zukunft offen und mutig entgegenzutreten.

DANKBARKEIT FÜR ANDERE

Dankbarkeit für die Menschen in seinem Leben auszudrücken, ist die gesündeste Übung überhaupt. Man erntet dabei nicht nur die bereits genannten Vorteile der Dankbarkeit, sondern gibt zudem auch anderen das Gefühl, geschätzt zu werden. Das stärkt das Selbstvertrauen, weil man sich wie ein guter Mensch fühlt, und es stärkt gleichzeitig die sozialen Bindungen, was wiederum das Risiko von Angstzuständen und Depressionen senkt.

Versuchen Sie, die Kraft des Danke-Sagens in Ihren Alltag einzubinden. Geben Sie sich selbst Extrapunkte, wenn Sie:

☐ Ihr »Danke« konkretisieren, zum Beispiel: »Ich weiß Ihre Arbeit an diesem Bericht wirklich zu schätzen, Tina. Dass Sie so viel Mühe in die Grafiken gesteckt haben, hat ihn wirklich aufgewertet.«

☐ Bedanken Sie sich bei jemandem, der vielleicht nicht immer Wertschätzung erfährt, zum Beispiel beim Hausmeister oder Busfahrer.

☐ Schicken Sie jemandem, der wirklich viel für Sie getan hat, ein altmodisches handgeschriebenes Dankesschreiben, vielleicht samt einem Strauß Blumen oder einem anderen Geschenk.

☐ Bedanken Sie sich bei jemandem, der sonst keine Ahnung hätte, welchen Einfluss er auf Ihr Leben hatte. Das könnte ein Lehrer aus Ihrer Schulzeit sein, der Ihren Berufswunsch geprägt hat, oder eine Journalistin, die Sie gar nicht persönlich kennen, deren Geschichten Sie aber über Ihren Wohnort auf dem Laufenden halten.

☐ Wenn Sie sich bei jemandem bedanken, dem Sie nahestehen, tun Sie es mit einer Umarmung oder einer anderen Form der Zuneigung. Wissenschaftler haben herausgefunden, dass körperlicher Schmerz durch Händehalten verringert werden kann. Nur vorher kurz einmal nachfragen!

Körpersprache

Erinnern Sie sich noch an André, unseren Freund vom Anfang des Kapitels, der sich mit Vorstellungsgesprächen so schwertat? Er wusste, dass seine Bewerbungsunterlagen das Interesse der potenziellen Auftraggeber weckten, aber irgendetwas an seinem Auftreten schreckte sie anscheinend ab. Je mehr er darüber grübelte, desto weniger konnte er sich darauf konzentrieren, sich als Bewerber gut zu verkaufen. Glücklicherweise ist die Wissenschaft auf Andrés Seite – und auf Ihrer auch.

Wenn Sie es üben, Ihre Körperhaltung und die nonverbale Kommunikation zu Ihrem Vorteil einzusetzen, werden Sie nicht nur auf andere selbstsicherer wirken, sondern sich auch so fühlen. Das liegt daran, dass die Art und Weise, wie man steht, sitzt und sich bewegt, dem Gehirn signalisiert, ob Gefahr droht. Wenn Sie lernen, Ihren Verstand zu beruhigen, stellt Sie das dafür frei, sich auf das Wesentliche zu konzentrieren – wie etwa, einen Gesprächspartner zu beeindrucken.

NONVERBALE KOMMUNIKATION

Wer mit dem Selbstvertrauen zu kämpfen hat, dem kommt sein Körper mitunter wie ein Verräter vor. Man ist davon überzeugt, alle könnten sehen, wie nervös man ist, als würden Ängste und Unzulänglichkeiten aus jeder Faser des Körpers nach außen strahlen. Es stimmt schon, dass die nonverbale Kommunikation einen starken Eindruck hinterlässt: Studien zufolge erinnert man sich länger an Botschaften, die mittels Blickkontakt, Gesichtsausdruck, Gesten und Körperhaltung gesendet wurden, als an das gesprochene Wort. Aber die gute Nachricht ist, dass man die Signale, die man aussendet, sehr gut kontrollieren kann und dass es gar nicht so schwer ist, Selbstvertrauen zu vermitteln.

Die beiden Schlüsselbegriffe, die Sie sich merken sollten, sind Offenheit und Wärme. Wenn Sie sich diese beiden Eigenschaften zu Herzen nehmen, werden Sie sich authentisch und von Ihrer besten Seite zeigen, wodurch sie von anderen wahrgenommen und wirklich verstanden werden.

Offenheit: Empfindet man eine Situation als bedrohlich, reagiert der Körper instinktiv mit Rückzug. Ohne sich dessen bewusst zu sein, sackt man in sich zusammen, verschränkt die Arme vor der Brust oder fasst sich an den Hals. Bewegungen dieser Art lassen den Körper wie gelähmt vor Angst im Flucht-oder-Kampf-Modus verharren. Ermahnen Sie sich stattdessen, Raum einzunehmen. Folgen Sie dem Rat Ihrer Großmutter: Setzen Sie sich aufrecht hin, verschränken Sie Arme und Beine nicht, und versuchen Sie, nicht zu zappeln. Lassen Sie sich außerdem Zeit, atmen Sie tief durch, und sprechen Sie ohne Hast.

Wärme: Studien zufolge fühlt man sich jemandem, der sich warmherzig und freundlich gibt, sofort verbunden. Sobald diese Person in Ihrer Gunst ist, beachten Sie Stolperer im Gespräch, eine brüchige Stimme oder zitternde Hände gar nicht mehr so sehr. Wenn Sie sich eingeschüchtert fühlen, denken Sie also daran, dass Sie ja bereits wissen, wie man sich freundlich verhält. Lächeln Sie, stellen Sie Fragen, beziehen Sie andere mit ein, und erwidern Sie deren Blick. Ein himmelweiter Unterschied!

Wenn Sie möchten, bitten Sie ein Familienmitglied oder einen Freund, dem sie vertrauen, Sie auf körpersprachliche Signale hinzuweisen, die Ihnen nicht bewusst sind. Angewohnheiten, die Nervosität vermitteln, wie das Abpulen des Etiketts auf der Bierflasche während der Happy Hour, bemerken wir manchmal gar nicht. Solche kleinen Angewohnheiten scheinen vielleicht unwichtig, aber bedenken Sie, dass all diese Arbeit hilft, dass Ihre Werte und Stärken zur Geltung kommen.

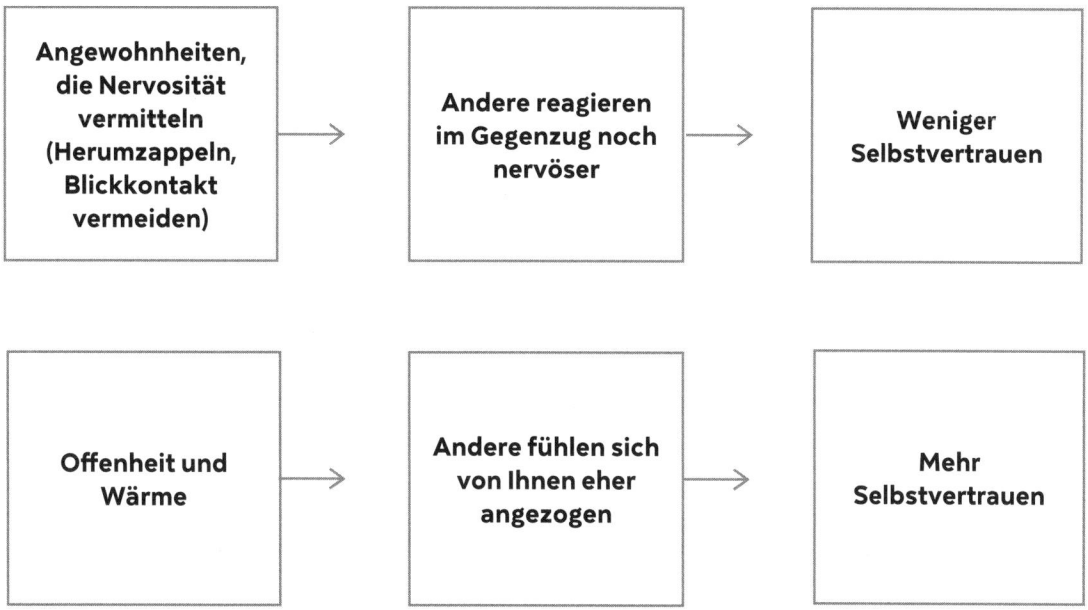

Wenn Sie Amy Cuddys TED-Talk »Ihre Körpersprache beeinflusst, wer Sie sind« (Link im Anhang) gesehen haben, der sich 2012 im Internet schnell verbreitete, wissen Sie, dass Sie Ihren Körper noch mehr nutzen können, um sich geistig aufzurichten. Amy Cuddy verhalf dem Gedanken des »Power-Posing« zu Popularität. Dabei verharrt man ein paar Minuten in einer ausladenden Haltung, bevor man sich in eine für das Selbstvertrauen herausfordernde Situation begibt. Klingt albern, funktioniert aber: Durch die veränderte Körperhaltung ergibt sich eine Verschiebung im hormonellen Gleichgewicht, man fühlt sich stärker und ist eher bereit, Risiken einzugehen.

Jetzt empfiehlt Cuddy natürlich nicht, sich vor einem vollen Saal wie Wonder Woman in Pose zu werfen. Aber wenn Sie vor einem wichtigen Vorstellungsgespräch, einer Präsentation oder einer Verabredung auf der Toilette oder anderswo ungestört eine »Power-Pose« einnehmen können, wird Ihnen das rein physiologisch Vorteile einbringen. Hier sind zwei Haltungen zum Ausprobieren:

Wonder Woman: Stellen Sie sich wie eine Superheldin auf: Füße schulterbreit auseinander, Brust raus, Hände auf den Hüften.

Seestern: Das ist die euphorische Pose, die man häufig bei Sportlern beim Überqueren der Ziellinie sieht. Stellen Sie die Füße schulterbreit auseinander, und machen Sie sich so groß Sie können, indem Sie die Arme v-förmig in die Höhe strecken.

Sich um seine körperliche Gesundheit kümmern

Wer unter Druck nur mit Mühe ruhig bleibt, staunt vielleicht darüber, wie viel besser das gelingt, wenn man sich gut um seinen Körper kümmert. Manchmal ist dafür ein großer Bewusstseinswandel nötig, denn um seinem Körper zu geben, was er braucht, muss man sich selbst an die erste Stelle setzen. Zu oft nehmen wir uns keine Zeit für Sport oder Entspannung, weil wir zu sehr damit beschäftigt sind, die Bedürfnisse anderer Menschen über unsere eigenen zu stellen. Wenn ich in diese Falle tappe, erinnere ich mich an die Sicherheitsanweisungen im Flugzeug: Setzen Sie zuerst Ihre eigene Sauerstoffmaske auf.

SCHLAF

Viele leiden unter chronischem Schlafmangel. Wir bleiben länger auf, um einen Bericht fertigzustellen, noch eine Ladung Wäsche zusammenzulegen oder uns hinter unseren Displays und Monitoren zu verlieren.

Für Menschen, die zu Selbstzweifeln neigen, ist ausreichend Schlaf immens wichtig. Ob man genug geschlafen hat, kann den Ausschlag geben, ob man eine Sache realistisch betrachtet oder sich unnötig über Unwichtiges aufregt.

Doch wie viel Schlaf ist denn genug? Die meisten Menschen benötigen zwar ungefähr sieben bis acht Stunden Schlaf pro Nacht, aber das individuelle Bedürfnis ist hier doch ganz unterschiedlich. Als Faustregel gilt: Wenn man sich tagsüber müde fühlt, braucht man wahrscheinlich mehr Schlaf. Auch regelmäßige Schlafens- und Aufwachzeiten bewirken viel.

Viele Schlafexperten empfehlen zudem einen Mittagsschlaf von 20 bis 30 Minuten, der die Konzentrationsfähigkeit verbessert. Man »funktioniert« dann einfach besser. Leider lassen die amerikanischen Unternehmen dies im Allgemeinen nicht zu. Wenn Sie jedoch von zu Hause aus arbeiten und ein Nickerchen in Ihren Tagesablauf integrieren können, ist das auf jeden Fall einen Versuch wert.

Nehmen Sie sich vor dem Einschlafen kurz Zeit und verweilen Sie in dem Gefühl des Friedens. Denken Sie daran, dass nichts fehlt, dass alles in Ordnung ist. Klar, der Tag war vielleicht nicht unbedingt leicht, aber jetzt sind Sie sicher, und alle Ihre Grundbedürfnisse sind erfüllt. Führen Sie sich die Menschen vor Augen, die Ihnen wichtig sind und denen Sie wichtig sind, und lassen Sie den Tag ruhig los.

SPORT

Haben Sie schon einmal folgende Erfahrung gemacht? Sie haben sich bei einem Problem festgefahren – bei einem Arbeitsprojekt oder bei Ihrem Kleinkind, das seinen Willen durchsetzen will – und Sie gehen dann spazieren oder joggen, und stellen anschließend fest, dass der Kopf wieder frei ist und Sie genau wissen, was zu tun ist.

Das ist die Kraft der Bewegung. Dabei geht es um weit mehr, als nur in Form zu kommen. Bewegung spielt beim Abbau von Spannungen und Sorgen, bei der Bewältigung negativer Stimmungen und, wie oben erwähnt, Problemlösungen eine ganz entscheidende Rolle. Stressbewältigung mithilfe körperlicher Bewegung ist auch deswegen so wirkungsvoll, weil man dadurch eine Menge unnützer Selbstbotschaften ausblendet. Entscheidend ist, eine sportliche Aktivität für sich zu finden, die man wirklich genießt und die einen nicht langweilt oder sich wie eine lästige Pflicht anfühlt, die man eben tun muss, weil sie »gut für dich ist«.

Um das Herz-Kreislauf-System anzukurbeln, versuchen Sie es doch einmal mit Schwimmen, Laufen oder Walking. Wenn es eher darum gehen soll, Kopf und Körper miteinander in Einklang zu bringen, kommen Yoga oder Tai-Chi infrage. Wenn Sie Spaß an Mannschaftssportarten haben, schauen Sie sich nach einer Freizeitliga um. Und vergessen Sie nicht, was Ihnen als Kind besonders viel Spaß gemacht hat und auch heute noch tun kann: Radfahren, Tanzen oder mit dem Hund herumtoben.

GESUNDE ERNÄHRUNG

Ich wünschte, ich könnte Ihnen sagen, dass es die optimale Diät für ein besseres Selbstvertrauen gibt, aber das gibt es nicht. Jeder muss für sich selbst herausfinden, mit welchen Lebensmitteln er sich am besten fühlt.

Natürlich profitiert jeder von reichlich gesunder, nährstoffreicher Nahrung, aber das bedeutet nicht, dass Sie nicht gelegentlich Ihre Lieblingsleckereien genießen können. Essen sollte Freude bereiten; wenn Sie feststellen, dass Ihre Beziehung zum Essen zwanghaft oder anstrengend geworden ist, sollten Sie ärztlichen Rat einholen. Am Ende dieses Buches finden Sie Literaturempfehlungen zum Thema Essstörungen (siehe Seite 170).

Auch auf die Gefahr hin, belehrend zu klingen: Denken Sie daran, dass einige Nahrungsmittel im Übermaß das Selbstvertrauen schädigen können. Zum Beispiel kann Kaffee in Maßen zwar die Konzentration verbessern, aber zu viel davon kann zu Nervosität führen. Achten Sie nicht nur auf Ihren Kaffee-, sondern auch auf Ihren Alkoholkonsum. Viele Menschen mit geringem Selbstwertgefühl greifen zu Alkohol, um ihr Leben besser zu bewältigen, besonders in sozialen Situationen. Aber diese Mittelchen gegen soziale Ängste, etwa, vor der Party schon ein oder zwei Drinks zu nehmen, halten die Angst leider nur umso länger aufrecht.

DER ANGSTFAKTOR: DEN KÖRPER BERUHIGEN

Einiges von dem, was ich in diesem Kapitel besprochen habe, mag für Sie nicht nach Vergnügen klingen. Beispielsweise finden manche Atemübungen oder Achtsamkeit anfangs überhaupt nicht beruhigend. Vielleicht denken Sie: »Was soll denn bitte beruhigend daran sein, mich mit meinem rasenden Gedankenkarussell allein zu beschäftigen?« Womöglich finden Sie es auch einfach nur ein bisschen albern, mit geschlossenen Augen dazusitzen.

Wenn Ihnen Stillsitzen nicht leichtfällt und Sie es nie schaffen, Ihre Gedanken zum Schweigen zu bringen, sind Sie 100 Prozent normal. Es geht hier überhaupt nicht darum, zum Zen-Meister aufzusteigen! (Es sei denn, Sie wollen das.) Vielmehr versuchen Sie einfach, Ihren Körper etwas mehr zu Ihrem Verbündeten beim Verfolgen Ihrer Ziele zu machen.

Die Vorschläge in diesem Kapitel beinhalten einige Veränderungen am persönlichen Lebensstil, die Ihnen möglicherweise zu drastisch erscheinen. Keine Sorge – Sie brauchen nicht zum Marathon laufenden, Koffein fastenden, veganen Yogi zu werden (der natürlich problemlos jede Nacht durchschläft), um Ihr Selbstvertrauen zu steigern. Sie brauchen auch nicht topfit und bei bester Gesundheit zu sein, um Selbstvertrauen zu entwickeln – genauer gesagt müssen Sie in überhaupt keinem Bereich topfit oder gar perfekt sein, um selbstbewusst aufzutreten! Wenn es darum geht, gut mit seinem Körper umzugehen, können kleine Veränderungen Großes bewirken.

Nehmen Sie sich etwas Zeit und notieren Sie sich Befürchtungen oder Ängste, die sich bei der Lektüre dieses Kapitels möglicherweise bemerkbar gemacht haben. Schreiben Sie dann drei kleine Schritte auf, die Sie zur Überwindung dieser Ängste unternehmen können.

_____

_____

_____

_____

Resümee zum Kapitelende

In diesem Kapitel haben Sie gelernt, wie Sie durch die Wahrnehmung des gegenwärtigen Moments Ihre Gedanken über die Vergangenheit und Zukunft unterbrechen können. Sie haben erfahren, wie Ihre Atmung, Ihre Körperhaltung und andere nonverbale Signale den Körper dazu bringen, den Verstand zu beruhigen. Vielleicht denken Sie sogar an den Rat Ihrer Mutter, man solle Danke sagen und genug schlafen, denn jetzt wissen Sie ja, dass auch diese Angewohnheiten das Selbstvertrauen fördern.

Nachdem Sie Ihren Körper ein bisschen besser kennengelernt haben, ist es nun Zeit, sich mit Ihrem Verstand zu beschäftigen. Wir werden sehen, wie negatives Denken uns davon abhält, unsere Ziele zu verfolgen und selbstbewusster zu werden, und natürlich werden wir herausfinden, wie wir uns daraus befreien.

HANDLUNGSEMPFEHLUNGEN

Hier nun einige konkrete Empfehlungen für die praktische Umsetzung der Lektionen und Grundgedanken dieses Kapitels:

1. Probieren Sie bei der nächsten Auszeit eine der Ein-Minuten-Übungen aus diesem Kapitel aus (Seite 86) – und sei es nur beim Schlangestehen.
2. Versuchen Sie, sich diese Woche insgesamt 90 Minuten Bewegung zu verschaffen.
3. Sagen Sie einer Person »Danke«, bei der Sie sich vorher noch nie bedankt haben.
4. Schauen Sie sich Amy Cuddys Impulsvortrag über Power-Posen auf TED.com an. Der Film auf YouTube enthält deutsche Untertitel. Auszuwählen unter »Transcript, 47 languages«.
5. Setzen Sie sich das Ziel, diese Woche jeden Tag zur selben Zeit schlafen zu gehen und aufzustehen.

KAPITEL 5

MIT DEN GEDANKEN ARBEITEN

· · · · · · · · · · · · · · · · · · · ·

»ES IST DAS KENNZEICHEN EINES GEBILDETEN GEISTES. EINEN GEDANKEN UNTERHALTEN ZU KÖNNEN. OHNE IHN ZU AKZEPTIEREN.«

ARISTOTELES

Die Beförderung kriege ich doch nie.
In der Erziehung meiner Kinder habe ich voll versagt.
Mit mir wird garantiert niemand ausgehen. Ich bin so ein Loser.

Kommt Ihnen einer der Sätze bekannt vor? Falls ja: Sie sind nicht allein. Viele kämpfen unablässig mit negativem Denken.

Leider wissen die wenigsten, wie man mit negativem Denken gesund umgeht. Wir sind besessen von den Gründen, warum wir etwas nicht können oder nicht gut genug sind, und steigern uns dabei in Ängste hinein, die unsere Leistung beeinträchtigt. Unsere Beschäftigung mit dem Worst-Case-Szenario entwickelt sich zu einer selbsterfüllenden Prophezeiung, die unser Selbstvertrauen senkt und uns davon abhält, unser Bestes zu geben.

Dieses Kapitel stellt einen Ansatz für den Umgang mit negativen Gedanken und den damit einhergehenden Selbstgesprächen vor. Sie werden lernen, wie Sie ungünstige Denkmuster identifizieren und sich eine andere, angemessene Denkweise aneignen. Beim Betrachten und Hinterfragen Ihrer negativen Gedanken entdecken Sie an deren Ursprung möglicherweise tief liegende Überzeugungen. Auf den Umgang mit negativen Glaubenssätzen gehe ich in Kapitel 6 ausführlicher ein.

Vergessen Sie nicht, dass es in diesem Kapitel nicht darum geht, negativen Gedanken den Kampf anzusagen. Es geht vielmehr darum, sie zu erkennen und Alternativen in Erwägung zu ziehen, wodurch Sie sich den Freiraum verschaffen, aktiv zu werden und Selbstvertrauen aufzubauen.

Überdenken Sie Ihre Ziele

Nehmen Sie sich etwas Zeit, um noch einmal über die Ziele nachzudenken, die Sie sich in Kapitel 2 gesetzt haben. Gibt es negative Gedanken, die Sie davon abhalten, diese Ziele zu verfolgen? Welche? Wenn Sie sich von diesen Gedanken loslösen könnten, welchen Unterschied würde das Ihrer Meinung nach bewirken? Schreiben Sie Ihre Überlegungen auf.

_____

_____

_____

_____

_____

Die Falle des negativen Denkens

Uns allen strömen beinahe ununterbrochen Gedanken durch den Kopf. Meistens sind diese Gedanken neutral, manchmal sogar angenehm. Die Gedanken, mit denen wir uns in diesem Kapitel beschäftigen, bezeichnen Psychologen als *automatisch negative Gedanken* oder *kognitive Verzerrungen*. Das sind Gedanken, die Ihnen nicht guttun. Sie sind entweder nicht hilfreich oder aber schlichtweg unzutreffend.

Negative Gedanken an sich sind nicht das Problem, sondern die Macht, die wir ihnen verleihen. Man kann sich dafür entscheiden, seinen negativen Gedanken zu glauben, sie als unanfechtbare Tatsachen zu betrachten und in ihrem eisernen Griff gefangen durchs Leben zu gehen. Oder man entscheidet sich dafür, einen negativen Gedanken genauso zu betrachten, wie man die Millionen flüchtiger Empfindungen, vorschnelle Urteile und andere Gedankenblitze einordnet. Natürlich sind auch das Informationen, aber sie stellen eben nicht die absolute Wahrheit dar.

Um Ihnen beim Erkennen und Entwaffnen negativer Gedanken zu helfen, schauen wir uns an, in welchen Varianten sie auftreten. Dabei konzentrieren wir uns auf die Geschichte von Sasha, einer 40-jährigen Frau, die davon träumt, auf dem College ihren Bachelor-Abschluss nachzuholen, aber ihre nagenden Zweifel einfach nicht loswird.

MUTMASSUNGEN ANSTELLEN

»Wenn ich zurück aufs College gehe, verachten und bemitleiden mich die ganzen 18-Jährigen in meinen Kursen. Außerdem war ich schon seit Jahrzehnten nicht mehr in der Schule. Ich bin so aus der Übung, dass ich in allen Seminaren durchfallen werde.«

Wenn Sasha an das Thema Studium denkt, zieht sie sofort voreilige Schlüsse. Sie blickt in die Zukunft und die ist nicht schön. Aber welche Anhaltspunkte hat sie denn eigentlich, um an diese ungünstige Prognose für ihre Hochschullaufbahn zu glauben? Wenn man Mutmaßungen anstellt, füllt man in der Regel die Leere des Unbekannten mit einem unerwünschten Ergebnis. In Wirklichkeit sind aber viele gute Verläufe möglich.

»SOLLTE EIGENTLICH«

»Jemand in meinem Alter sollte eigentlich doppelt so viel verdienen wie ich. Ich muss endlich mein Leben auf die Reihe kriegen.«

Sashas Kummer über ihren Bildungsstand entlädt sich manchmal in Gedanken darüber, wo sie im Leben stehen »sollte« oder was sie tun »müsste« oder gar »längst hätte tun sollen«. Diese Denkweise mag fast positiv scheinen. Immerhin motiviert sie sich doch, ein Ziel zu verfolgen, oder? Aber in Wirklichkeit legt sie hier starre Maßstäbe an sich selbst an, die sie schon jetzt nicht erfüllen kann. Ihr »sollte eigentlich« wurzelt nicht in Selbstmitgefühl oder ihren Wertvorstellungen; die Zielvorgabe ist willkürlich.

Wenn Sasha ernsthaft darüber nachdenkt, was ihr wichtig ist, steht ihr Gehalt bei Weitem nicht ganz oben auf der Liste. Sie möchte studieren, um sich weiterzuentwickeln und eine sinnvollere berufliche Laufbahn einzuschlagen. Ihr »sollte eigentlich« rührt daher, dass sie die Erwartungen anderer verinnerlicht hat und sich mit ihrer Nachbarin vergleicht. Wenn sie auf diese Gedanken hört, führt das nur zu der Überzeugung, dass sie niemals mithalten kann. Dieser Perfektionismus erschüttert ihr Selbstvertrauen und erschwert es ihr, auf ihre Ziele hinzuarbeiten.

SCHWARZ-WEISS-DENKEN / ALLES-ODER-NICHTS-DENKEN

»Wenn ich das Studium nicht mit Auszeichnung abschließe, hat sich die ganze Mühe nicht gelohnt. Ich werde eine Versagerin sein.«

Hier hat Sasha für sich beschlossen, dass sie entweder eine Einser-Studentin ist oder aber eine Niete. Dazwischen gibt es nichts. Diese Art Perfektionismus bringt sie dazu, sich selbst als Versagerin zu sehen, und zwar komme, was da wolle. In Wahrheit jedoch gibt es zwischen diesen beiden Enden der Skala (und irgendwo in der Mitte würde sie vermutlich landen) eine Menge Schönes: Themen, die sie meistern, und Fähigkeiten, die sie erwerben wird, und nicht zuletzt den Stolz, den sie im Wissen um das Erreichen ihres Zieles fühlen wird. Sie wird Fehler machen, aber dadurch nicht zu einem Nichts reduziert werden. Wenn sie ihre Leistungen zu schätzen lernt und nicht zulässt, dass sie von den Fehlern überschattet werden, ermöglicht das ihr weiteres Vorankommen.

KATASTROPHISIEREN

»Wenn ich mich in Vollzeit am College einschreibe, schmeiße ich sowieso im ersten Semester hin. Aber dann ist meine jetzige Stelle natürlich futsch, und dann geht mir das Geld aus. Ich werde wieder bei meiner Mutter einziehen müssen, und dann werde ich mich so dafür schämen, dass ich mich nur noch ins Bett verkriechen und sterben möchte.«

Sashas sorgenvolles Denken springt von bloßen Mutmaßungen zum Worst-Case-Szenario, wobei sie sich ein derart schlimmes Versagen ausmalt, dass sie sich nie davon erholen könnte. Die Chancen, dass die kluge und disziplinierte Sasha auf dem College scheitert, keine Arbeit mehr findet und wieder bei ihrer Mutter landet, sind zwar so gering, dass es fast schon lächerlich ist, aber wenn sie ihrem Kopfkino Glauben schenkt, geht ihr manchmal der Blick auf die Realität verloren.

GEDANKEN GEGEN FAKTEN

»Immer wenn ich mir vorstelle, wie ich einen Seminarraum betrete, fühle ich mich dumm, dann kommt Panik auf, und ich geniere mich. Das zeigt doch nur, dass das keine gute Idee ist und ich das nie schaffen würde.«

NEGATIVE GEDANKEN IDENTIFIZIEREN UND PROTOKOLLIEREN

So wie das Aufschreiben Ihrer Geldausgaben Ihnen hilft, Ihr Budget einzuhalten, hilft Ihnen das Aufschreiben Ihrer negativen Gedanken, eine Bestandsaufnahme dessen zu machen, was Ihnen durch den Kopf geht und warum. Versuchen Sie, Ihre automatischen negativen Gedanken einige Tage lang zu protokollieren. Das klappt am besten, wenn Sie ein kleines Notizbuch mit sich führen, in dem Sie den Gedanken gleich aufschreiben, ehe Sie ihn vergessen.

Schreiben Sie die unzensierte Version dessen auf, was sich in Ihren Gedanken abspielt. Was sagen Sie sich selbst? Welche Befürchtungen hegen Sie? Wenn es Ihnen schwerfällt, die Gedanken in Worte zu fassen, schreiben Sie trotzdem etwas auf: »Ich weiß nicht so recht, was ich denke, ob es wohl etwas mit _____ zu tun hat?« Überlegen Sie mehrere Möglichkeiten.

Sie brauchen Ihre Gedanken nicht dauerhaft aufzuschreiben, aber gerade am Anfang finden die meisten es hilfreich. Mitunter kann man den Fehler in der eigenen Logik erkennen, sobald man einen Gedanken aufschreibt. (»Moment mal, warum gehe ich eigentlich davon aus, dass meine Chefin ärgerlich reagiert, wenn ich sie bei diesem Projekt um Rat frage? Vielleicht hilft sie mir ja gern.«) Ein anderes Mal muss man den Gedanken vielleicht genauer untersuchen, um zu beurteilen, ob er realistisch ist und was man dagegen tun kann. Oder der Gedanke ist mit einem fehlerhaften Glaubenssatz wie »Ein guter Mitarbeiter bittet nie um Hilfe« verknüpft. Ich werde Sie in diesem und im nächsten Kapitel dabei unterstützen, sich mehr im Detail mit Ihren Gedanken und Überzeugungen auseinanderzusetzen.

Es fällt Sasha nur allzu leicht, sich die Geschichte über ihre Erfahrungen auf dem College von ihren Gefühlen diktieren zu lassen. Wenn sie sich dumm fühlt, muss das ja bedeuten, dass sie dumm ist. Aber Gefühle sind keine Fakten.

Wenn Sie sich das selbst beweisen wollen, denken Sie an das letzte Mal, als Sie mit einer Woche Regenwetter zu kämpfen hatten. Nach ein oder zwei Tagen fühlten Sie sich möglicherweise ein wenig missmutig und Ihr innerer Monolog hörte sich an, als wäre er von I-Aah, dem traurigen Esel aus dem Buch _Pu der Bär_, geschrieben worden: »Ach, was soll's? Für mich läuft es doch nie gut.« Aber eigentlich hat sich doch an Ihrem Leben nichts geändert. Sie haben sich lediglich Ihren Gefühlen verschrieben, die von Hormonen, Ernährung und sogar dem Wetter beeinflusst werden können.

»ANGST TÄUSCHT DAS VERTRAUTE VOR. SIE GIBT DAS, WAS MAN FÜRCHTET, ALS DAS AUS, WAS MAN WEISS, BIETET ANSTELLE DES UNGEWISSEN DAS SCHLIMMSTE AN, NÄHRT ÄNGSTE, ANSTATT ZU TRÖSTEN, ERSETZT VERNUNFT DURCH MUTMASSUNGEN. IN DER DURCH ANGST VERZERRTEN LOGIK IST ALLES BESSER ALS DAS UNGEWISSE.«

ISAAC LIDSKY

Die Deutungen darüber, ob wir Erfolg haben werden und ob andere uns mögen, werden mit Vorliebe von unseren Gefühlen manipuliert. Aber oft sind diese Erzählungen völlig daneben.

Da Sie nun die wichtigsten Arten von automatischen negativen Gedanken kennen, prüfen Sie doch einmal, ob Sie in Ihrem eigenen Denken vorkommen. Wählen Sie eines Ihrer Ziele aus Ihrer Liste in Kapitel 2. Denken Sie darüber nach, auf welchem Weg Sie das Ziel erreichen könnten, und listen Sie in der folgenden Tabelle alle negativen Gedanken und Prophezeiungen auf, die Ihnen in den Sinn kommen.

Untersuchen Sie anschließend jeden Gedanken, und schauen Sie, ob er in eine oder mehrere der in diesem Kapitel besprochenen Kategorien kognitiver Verzerrungen passt.

Negative Gedanken	Kognitive Verzerrungen

Negative Denkmuster aufbrechen in sechs Schritten

Beginnt man erst einmal, negative Gedanken als solche zu identifizieren, ist man schon auf dem halben Weg, sich von ihnen zu lösen. Lassen Sie sich nicht entmutigen, wenn Sie das anfangs schwierig finden. Wie Sie wissen, ist unser Verstand darauf ausgelegt, sich auf das Negative zu konzentrieren. Erinnerungen werden nicht nur mit Geruch und Geschmack verknüpft, sondern auch mit Gefühlen. Sobald man also schlechter Laune ist, fällt man auch schnell einer negativen Gedankenspirale zum Opfer. Womöglich fühlen Sie sich dann ein wenig wie Michael Corleone in *Der Pate III*: »Gerade wo ich denke, ich bin draußen, ziehen die mich wieder rein!« Aber die Methoden in diesem Abschnitt werden Ihnen helfen, Ihr Gehirn dazu zu bringen, sich wieder aus dem Schlamassel herauszuziehen.

DENKFEHLER IDENTIFIZIEREN

Automatische negative Gedanken sind mitunter wie eine laute Klimaanlage oder eine viel befahrene Straße. Man gewöhnt sich so an das ständige Rauschen, dass man es irgendwann gar nicht mehr bemerkt. Deshalb ist es so hilfreich, sich das Aufschreiben dieser Gedanken zur Gewohnheit zu machen. Plötzlich tritt der unablässige Hintergrundlärm mit Fragen wie »Bin ich gut genug?«, »Mache ich das richtig?«, »Ob sie mich mögen werden?« in den Vordergrund, und wir können uns besser mit ihm auseinandersetzen.

Es wäre ja schön, wenn sich ein Denkfehler durch einen Alarmton bemerkbar machen würde, der verdeutlicht: »Hey, glaub mir bloß nicht. Ich bin ein automatischer negativer Gedanke.« Aber oft sind wir uns anfangs nicht einmal bewusst, dass wir in den Gefilden der verzerrten Wahrnehmung unterwegs sind. Womöglich »hören« wir den Gedanken nicht einmal, jedenfalls nicht in klaren, leicht wiederzugebenden Worten. Achten Sie auf Ihre Gefühle. Wenn Sie einen Stimmungswandel oder eine Intensivierung der Angstgefühle wahrnehmen, fragen Sie sich: »Was habe ich gerade getan, ehe die Angst kam? Was war dabei um mich herum los?« Legen Sie eine Achtsamkeitspause ein und achten Sie darauf, was passiert. Denken Sie daran, dass Sie die Gedanken nicht be- oder verurteilen sollten.

Beim Aufschreiben der Gedanken stellen Sie sich die Frage: »Welche Beweise stützen denn diesen Gedanken? Welche Beweise sprechen dagegen?« Überlegen Sie, ob der Gedanke zu einer der oben aufgezählten kognitiven Verzerrungen passt. Nutzen Sie die folgende Tabelle, um negative Gedanken zu identifizieren und zu untersuchen. Lassen Sie sich dafür eine Woche oder mehr Zeit. Notieren Sie jeden aufkommenden negativen Gedanken in der Tabelle.

Automatischer negativer Gedanke	Beweise, die dafür sprechen	Beweise, die dagegen sprechen

NEGATIVE SELBSTBOTSCHAFTEN NEU EINORDNEN

Manchmal reicht zur Entkräftung eines negativen Gedankens schon die Frage, ob er überhaupt realistisch ist. Dieser Lösungsansatz greift besonders gut bei Gedanken über mögliche Ergebnisse: Wenn Sie einen Misserfolg erwarten, können Sie sich normalerweise zu der Feststellung durchringen, dass auch ein Erfolg im Bereich des Möglichen liegt. Aber bei anderen Gedankenarten kommen wir mit der Frage »Ist das wahr?« nicht weiter. Wer zum Beispiel ständig denkt: »Ich bin hässlich«, sollte keine Zeit darauf verschwenden, nach objektiven Belegen für Attraktivität zu suchen. Die finden Sie nie.

Stattdessen sollten Sie sich eine andere Frage stellen: »Ist dieser Gedanke hilfreich?« Hilft er Ihnen, Ihren Zielen näherzukommen, oder hält er Sie zurück? Ist er überhaupt wichtig oder relevant für das, was Sie zu erreichen versuchen? Klingt er so, wie ein guter Coach motivierendes Feedback formulieren würde?

Wenn nicht, versuchen Sie, den Gedanken positiv zu formulieren. Angenommen Sie nehmen als Erwachsener Schwimmunterricht für Anfänger. Möglicherweise denken Sie: »Ich bin so blöd. Unglaublich, dass ich mich mit etwas abmühen muss, was schon meine sechsjährige Nichte kann!« Wie fühlen Sie sich, wenn Sie sich selbst als dumm bezeichnen? Ist es nützlich? Nein – denn wenn Sie sich schon allein für den Versuch schämen, werden Sie einfach aufgeben wollen. Versuchen Sie stattdessen, sich zu sagen: »Ich bin mutig, weil ich mich an etwas heranwage, was ich schon immer können wollte.«

Die Umdeutung funktioniert auch bei Nervosität. Wenn Sie das nächste Mal ängstlich sind, sagen Sie: »Ich fühle mich so, weil mir wichtig ist, was ich gleich mache. Toll, dass ich wieder einen Schritt mehr auf mein Ziel zugehe.« Das Flattern im Bauch wird nicht verschwinden, wird sich aber ein bisschen mehr nach freudiger Aufregung anfühlen, und Sie werden sich daran erinnern, wie gut vorbereitet und kompetent Sie sind.

Versuchen Sie, einige negative Gedanken neu zu formulieren.

Negative Selbstbotschaft	Was würde ein Freund oder Mentor sagen?

GEDANKEN ENTSCHÄRFEN

Die Aufforderung »Glauben Sie nicht alles, was Sie lesen« haben Sie sicher schon einmal gehört. Es ist aber auch wichtig, nicht alles zu glauben, was Sie denken. Die folgenden Techniken helfen dabei, einen negativen Gedanken zu entschärfen oder sich so weit von ihm zu distanzieren, dass Sie sich mit anderen Dingen beschäftigen können.

Benennen Sie Ihre Gedanken. Anstatt sich zu sagen: »Ich bin ein Trottel«, sagen Sie: »Ich habe den Gedanken, dass ich ein Trottel bin.« Anstatt zu sagen: »Ich werde diesen Test vermasseln«, sagen Sie: »Ich habe den Gedanken, dass ich diesen Test vermasseln werde.« Sie können den Gedanken noch weiter von sich weisen, indem Sie sagen: »Mein

Verstand denkt, dass ...« Der Unterschied mag subtil erscheinen, aber diese Denkart kann Ihnen tatsächlich helfen, sich bewusst zu machen, dass Sie nicht mit Ihren Gedanken identisch sind.

Lassen Sie die Gedanken vorbeiziehen. Diese Methode erfordert Vorstellungskraft. Stellen Sie sich jeden negativen Gedanken als einen Luftballon vor, und stellen Sie sich vor, wie er aufsteigt und davonzieht. Wenn dann unweigerlich der nächste Gedanke kommt, setzen Sie diesen auf einen anderen Ballon und beobachten auch ihn beim Fortschweben.

Danken Sie Ihrem Verstand. Wenn Sie angstvolle Gedanken haben, etwa: »Hoffentlich stürzt das Flugzeug nicht ab ... Ich hoffe, der Pilot weiß, was er tut«, dann sagen Sie: »Danke, lieber Verstand. Danke, dass du versuchst, mich in Sicherheit zu bringen. Aber im Moment gibt es für dich wirklich nichts zu tun. Ich schaffe das allein.«

Benennen Sie Ihre Geschichten. Oftmals wiederholen sich unsere Gedanken und erzählen die immer gleichen Geschichten. Vielleicht lautet Ihre: »Ich weiß nicht so recht, was ich da tue.« Wenn Gedanken in dieser Richtung auftauchen, können Sie sagen: »Ach, da ist ja mal wieder die alte Geschichte über meine angebliche Inkompetenz«, und die Gedanken einfach loslassen.

Singen Sie Ihre Gedanken. Versuchen Sie, Ihre Gedanken zur Melodie von »ABC, die Katze lief im Schnee« oder zu »Alle meine Entchen« zu singen. Auf diese Weise klingen die Gedanken ganz sicher völlig absurd, und genau das ist Sinn der Sache.

Nun wollen wir diese Techniken in Form einer Übung umsetzen. Überlegen Sie sich einen negativen Gedanken, der Ihnen kürzlich gekommen ist, und wenden Sie die oben genannten Entschärfungsmethoden an. Anschließend bewerten Sie anhand der umseitigen Tabelle, wie gut Ihnen die getesteten Methoden geholfen haben.

Entschärfungs-methode	Nicht hilfreich	Einigermaßen hilfreich	Sehr hilfreich
Gedanken benennen			
Gedanken vorbei-ziehen lassen			
Dem Verstand danken			
Persönliche Erzählun-gen benennen			
Gedanken singen			

VERALLGEMEINERUNGEN VERMEIDEN

Während Sie die Gewohnheit entwickeln, negative Gedanken zu bemerken, sollten Sie auf absolute Begriffe wie *alle, jede, keine, nie* und *immer* achten. Diese Wörter sind normalerweise ein Indiz für Schwarz-Weiß-Denken, bei dem man die Welt durch eine dunkle Brille betrachtet, durch die alles Gute ausgeblendet wird. Der Austausch der Linsen kann gelingen, indem Sie die an sich selbst gesendeten Botschaften wie in den Beispielen weiter unten so ausgewogen und spezifisch wie möglich gestalten. Wenn Sie nicht weiterkommen, erinnern Sie sich an etwas, was gut gelaufen ist, oder an einen Bereich, in dem Sie Fortschritte gemacht haben.

Verallgemeinerung: Ich vermassele immer alles.
Ausgewogene Selbstbotschaft: Manchmal läuft es nicht wie geplant. Manchmal läuft es ganz gut. Und manchmal läuft es sogar besser als erwartet.
Verallgemeinerung: Ich bin dick. Schlank werde ich eh nie.
Ausgewogene Selbstbotschaft: Ich wiege 74 Kilo, das ist schon weniger als noch zum Jahresbeginn. Mein Arzt sagt, mein Blutdruck sei gut. Ja, mehr Bewegung würde mir guttun. Dann hätte ich wohl mehr Energie. Immerhin ist mein regelmäßiger Morgenspaziergang schon ein guter Anfang.
Verallgemeinerung: Bei Partys bin ich immer so still.
Ausgewogene Selbstbotschaft: Wenn ich bei Partys niemanden kenne, bin ich oft eher wortkarg. Aber sobald ich jemanden kennengelernt habe, komme ich aus dem Reden gar nicht mehr raus.

Und jetzt versuchen Sie es einmal:

Verallgemeinerung:

_____

_____

_____

_____

Ausgewogene Selbstbotschaft:

_____

_____

_____

_____

Außerdem ist es wichtig, einen klaren, ausgewogenen Blick auf die Zukunft zu entwickeln. Mitunter meint man, man würde das Ende seiner Geschichte schon kennen: »Für mich wendet sich nie etwas zum Besten.« Wenn man allerdings nicht gerade Wahrsager ist, kann keiner von uns vorhersagen, was wirklich passieren wird. Ungewissheit klingt nach Unbehagen, ist aber eigentlich nur ein anderes Wort für mehrere Möglichkeiten. Die verrückten Wendungen, die das Leben so bietet, können aufregender und wunderbarer sein als jeder Film.

Versuchen Sie, die Geschichten, die Sie sich selbst über die Zukunft erzählen, mit »Was wohl aus _____ werden wird?« zu beginnen. Wenn Sie wegen Ungewissheiten und Was-wäre-Wenns ins Grübeln geraten, sagen Sie sich: »Das brauche ich jetzt noch gar nicht zu wissen.« Vorerst können Sie sich nur so gut wie möglich vorbereiten und stolz auf diese Vorbereitung sein.

DEN INNEREN KRITIKER RUHIGSTELLEN

Ihr innerer Kritiker wird Sie Ihr Leben lang begleiten – das heißt aber noch lange nicht, dass er auch Macht hat. Hier sind einige Möglichkeiten, mit denen Sie die üblen Worte in Ihrem Kopf beiseiteschieben und das weitermachen können, was sie machen wollen.

Dem inneren Kritiker einen Namen geben. »Na, Negative Nancy, auch wieder da? Setz dich hin und trink eine Tasse Tee. Vertreib dir ruhig die Zeit, solange ich mein Ding mache.« Humor hilft!

Nicht vergessen, dass der innere Kritiker es gut meint. Vielleicht sagt Ihr innerer Kritiker so etwas wie: »Lass das mit der Stand-up-Comedy-Geschichte bei der offenen Bühne besser. Da blamierst du dich bloß.« Die Botschaft soll Sie vor einer Blamage bewahren – aber Sie sind ja nun bestens informiert und lassen sich nicht von der Möglichkeit des Scheiterns aufhalten. Kämpfen Sie nicht gegen die Gedanken an, sonst wird Ihr innerer Kritiker nur noch lauter. Sagen Sie: »Danke, Verstand«, und konzentrieren Sie sich auf den nächsten Schritt.

Den inneren Kritiker daran erinnern, dass es in vielen Fällen auch einfach gut ausgeht. Der innere Kritiker fragt mit Vorliebe: »Was, wenn's schiefgeht?« Ihre Antwort könnte lauten: »Was, wenn's klappt?«

GESUNDE BEWÄLTIGUNGSBOTSCHAFTEN

Auch wenn abstrakte Affirmationen wie »Ich bin ein Sieger« im Kampf gegen negatives Denken zumeist nicht greifen, gibt es doch Botschaften, die man sich zur Beruhigung sagen kann. Wie eine Affirmation ist auch eine Bewältigungsbotschaft positiv. Sie gründet sich allerdings auch auf Ihre wahren Überzeugungen, weshalb Ihr Verstand eher dazu neigen wird, sich auch darauf einzulassen.

Wenn Sie einen Katastrophengedanken haben, versuchen Sie, sich auf eine Bewältigungsaussage zu konzentrieren, beispielsweise auf »Die meisten Leute werden es akzeptieren, wenn …« (»… ich bei meiner Rede herumstammle«, »… mein Small Talk auf der Party unbeholfen wirkt« oder welches Ergebnis Sie auch immer befürchten). Und dann ermahnen Sie sich: »Und selbst wenn nicht, komme ich damit auch zurecht« – egal, ob das Ergebnis Missbilligung, Enttäuschung oder sonst etwas Negatives ist.

Schauen wir uns das am Beispiel von Mia an. Sie war zu einer Pool-Party eingeladen worden und wollte auch unbedingt hingehen. Seit vor drei Monaten ihr Baby zur Welt gekommen war, war Mia nicht mehr oft aus dem Haus gewesen, und sie wollte ihre Freunde sehen. Das Problem war nur, dass sie sich »dick« fühlte. Sie hatte erwartet, dass sie zu diesem Zeitpunkt wieder das Gewicht von vor der Schwangerschaft erreicht haben würde, aber das war nicht der Fall. Wie konnte sie sich da nur in einem Badeanzug sehen lassen? Ihre negativen Gedanken waren laut und gemein: »Alle werden mich anglotzen. Sie werden denken, ich hätte längst abnehmen müssen.« Mia durchlief die oben aufgelisteten Punkte und machte erhebliche Fortschritte dabei, ihre negativen Gedanken mit realistischeren zu relativieren. Geriet sie beim Nachdenken darüber jedoch in Stress, war jede Vernunft dahin. Sie traute es sich überhaupt nicht zu, tatsächlich hinzugehen – vielleicht würde sie eine Ausrede erfinden und auf die Party verzichten. Also schrieb sie eine Bewältigungsbotschaft auf eine Karte, auf die sie in den Tagen vor der Party zurückgreifen konnte:

> Die meisten werden mich gar nicht anschauen, sie werden sich unterhalten und einfach Spaß haben. Ich erwarte zu viel von mir. Ich werde hingehen und ich werde eine gute Zeit haben. Es ist sehr unwahrscheinlich, dass tatsächlich jemand schlecht von mir denkt oder gehässig über mich redet. Und falls doch, ist es sein Problem.

Wie Gedanken das Selbstvertrauen beeinflussen

Sasha, die angehende College-Studentin vom Anfang dieses Kapitels, erkannte allmählich die Fehler in ihrer Denkweise. Sie beschloss, sich an einem lokalen College zu bewerben. Leicht war es nicht. Jedes Mal, wenn sie sich an ihr Bewerbungsschreiben setzte, meldeten sich die Kobolde des Selbstzweifels und schrien: »Das schaffst du doch nie!« Sasha nahm die Worte zur Kenntnis und erwiderte: »Danke, Verstand, ich schaffe das« und schrieb weiter.

Eines Tages konnte sie ihre Onlinebewerbung schließlich abschicken. Sasha war immer noch ängstlich. Aber sie war nicht mehr so sehr davon überzeugt, dass sie scheitern würde. Sasha wandte ihre Kenntnisse über Achtsamkeit an und sagte sich: »Mal sehen, was dabei herauskommt. Es wäre toll, wenn ich aufgenommen werden würde, aber ich bin schon stolz auf mich, weil ich es überhaupt versucht habe.« Allein das Wissen darum, dass sie ihren Worten hatte Taten folgen lassen, fühlte sich großartig an. Ihren Kindern gegenüber betonte sie stets, wie wichtig Bildung war. Außerdem hatte sie sich immer weiterbilden wollen. Jetzt war sie tatsächlich dabei.

Sasha stellte fest, dass sie auch in anderen Lebensbereichen selbstsicherer wurde. Wenn sie sich bei der Arbeit inkompetent fühlte, erkannte sie, dass die quälenden Schuldzuweisungen ihrem inneren Kritiker zuzuschreiben waren und nicht der Realität. »Immerhin bin ich immer noch ich«, dachte Sasha. Tief in ihrem Inneren wusste sie, dass sie völlig unabhängig davon, ob sie einen akademischen Abschluss erreichte oder nicht, einen ureigenen Wert als Mensch hatte. Wir verfügen alle über einen inneren Kern, der sich nicht um unsere Unzulänglichkeit, unsere Laune, unser Erscheinungsbild oder unseren gesellschaftlichen Status schert. Dieser Teil von uns kennt unseren Wert immer. Wer sich wie Sasha über negatives und unrealistisches Denken hinwegsetzt, kann authentisch sein, sein wahres Selbst leben.

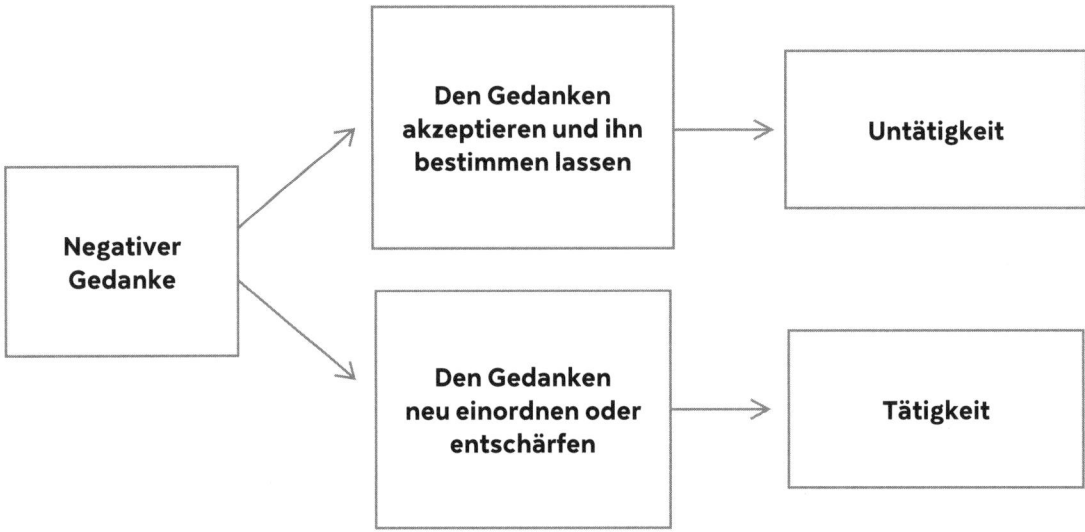

Noch einmal zum Thema Selbstmitgefühl

Nachdem Sie jetzt wissen, wie Sie Ihren inneren Kritiker leiser stellen können, sollten Sie Ihre positive Einstellung im Alltag so oft wie möglich umsetzen. Hier sind einige Strategien, wie Sie Selbstmitgefühl zur Steigerung des Selbstvertrauens nutzen können, um Ihre Ziele weiter zu verfolgen.

GÖNNEN SIE SICH EINE PAUSE

Manchmal ist man einfach erschöpft, wenn man auf seine Ziele hinarbeitet. Man macht unnötige Fehler, kann sich nur schwer konzentrieren oder fühlt sich ausgelaugt. Erlauben Sie sich solche Tage. Keine Sorge, die gehen vorbei. Seien Sie sich selbst gegenüber so nett und nachsichtig, wie sie gegenüber einem lieben Menschen wären, und sagen Sie sich: »Heute hast du aber auch eine Menge geschafft. Jetzt setz dich erst mal hin, trink einen Schluck und entspann dich beim Fernsehen. Und dann versuchst du's morgen wieder.« Alle Menschen brauchen eine Pause.

Wie entspannen Sie sich nach einem anstrengenden Tag am liebsten?

ERFOLGE FESTHALTEN

Hebt man bei einer Bergwanderung den Blick und sieht, wie weit der Weg bis zum Gipfel noch ist, vergisst man schnell, wie weit man schon gekommen ist. Schaut man dagegen auf den bereits bewältigten Anstieg zurück, stärkt dies das Selbstvertrauen ungemein. Das wirkt wie eine Gedächtnisstütze: »Hey, wenn ich es bis hierher geschafft habe, schaffe ich es auch bis zum Gipfel!« Versuchen Sie, einmal pro Woche Ihre Leistungen in einem Notizbuch festzuhalten. Gestatten Sie sich dabei, klein zu denken. Vielleicht haben Sie mit jemand aus einer anderen Branche einen Kaffee getrunken, um über eine berufliche Veränderung zu sprechen, oder sind für sich eingestanden, als Ihre Schwester eine abfällige Bemerkung über sie gemacht hat. Solche kleinen Schritte führen einer nach dem anderen zu großen Veränderungen.

SICH DEN WEITEREN WEG VORSTELLEN

Fühlt man sich beim Gedanken an ein bestimmtes Ziel überfordert, hilft es, sich an den folgenden Spruch zu erinnern: »Wie isst man einen Elefanten? – Häppchenweise!« Schreiben Sie einmal die Schritte auf, die Sie unternehmen müssten, um dorthin zu kommen, wo Sie hinwollen. Falls manche dieser Schritte wie ein großes Fragezeichen aussehen, ist das völlig in Ordnung. Solche Lücken füllt man, indem man recherchiert, Menschen befragt und Erfahrungen sammelt. Vorerst schauen Sie sich nur den allerersten Schritt an. Mehr müssen Sie jetzt nicht tun.

Angenommen Sie wollen für einen Marathon trainieren. Manches Mal denken Sie morgens beim Aufwachen vielleicht: »Das schaffe ich nicht!« Fragen Sie sich: »Was schaffe ich denn nicht? Mir die Schuhe anzuziehen und rauszugehen? Mehr muss ich jetzt nicht tun.« Hätten Sie bei Ihrer Einschulung schon daran gedacht, wie schwer das letzte Jahr vor der Abschlussprüfung werden würde, wären Sie womöglich schon mit sechs Jahren zum Schulabbrecher geworden! Aber am Ende des vorletzten Schuljahres wirkte das Abschlussjahr dann gar nicht mehr so schlimm. Vertrauen Sie darauf, dass die einzelnen Stufen der Leiter zusammenhängen und Sie zum Ziel führen werden.

_____

_____

_____

_____

_____

_____

_____

FAKTOR ANGST: ARBEIT MIT DEN GEDANKEN

Die Konfrontation mit negativen Gedanken wirkt oft wie eine Sisyphosarbeit. Da versucht man immer wieder, mit seinem inneren Kritiker zu arbeiten, und dann stößt er einen nur einmal mehr vom Berg hinunter, und man muss von vorn anfangen. Die Frustration darüber kann sich in Angst verwandeln: »Was, wenn mich meine negativen Gedanken immer lähmen?«

Womöglich befürchten Sie auch, dass Sie sich im Abwehren der negativen Gedanken nur selbst etwas vormachen. Wenn Sie nicht mehr auf die Stimme hören, die Ihnen einflüstern will, dass Sie nie gut genug sein werden, und tatsächlich etwas Neues ausprobieren, fallen Sie womöglich auf die Nase. »Siehst du?«, denken Sie dann, »hätte ich doch vorher wissen müssen, dass ich das nicht schaffe!« Schreiben Sie die Ängste auf, die in Ihnen beim Lesen dieses Kapitels aufkamen.

_____

_____

_____

_____

_____

_____

Weil ich in diesem Kapitel realistisches Denken predige, will ich ehrlich mit Ihnen sein: Selbstzweifel gehören immer zum Leben dazu. (Und für den kleinen Prozentsatz derer, die niemals Selbstzweifel empfinden, gibt es einen Fachbegriff: Psychopathen.) Das bedeutet aber nicht, dass Ihr innerer Kritiker immer das Steuer in der Hand haben wird. Wenn Sie die Techniken aus diesem Kapitel einüben, werden Sie ganz allmählich lernen, Ihren Weg zu gehen, und zwar ganz egal, was die Negative Nancy (oder der Negative Neil) Ihnen sagen.

Und ja, das bedeutet durchaus, dass Ihnen manchmal etwas nicht gelingen wird. Fortschritt ohne den gelegentlichen Fehler gibt es nicht. Lassen Sie sich durch die Angst vor dem Scheitern nie davon abhalten, den ersten Schritt zu tun.

Resümee zum Kapitelende

Meistern Sie die Kunst der Selbstgespräche. Zugegeben: Klingt komisch, aber nun wissen Sie ja, warum. Eine gesunde Auseinandersetzung mit den negativen Gedanken hilft Ihnen, sie auszuhöhlen, sie abzulegen, falls sie nicht hilfreich sind, und auf dem schönen Weg zu Ihren Zielen einen Schritt über sie hinweg zu machen. Im nächsten Kapitel arbeiten Sie an den Geschichten, die Sie sich selbst erzählen und die die Ursache dieser negativen Gedanken sind: an den Grundüberzeugungen, die Ihr Selbstbild prägen.

HANDLUNGSEMPFEHLUNGEN

Hier nun einige konkrete Empfehlungen für die praktische Umsetzung der Lektionen und Grundgedanken dieses Kapitels:

1. Manchen hilft es, negative Gedanken ganz konkret und physisch loszuwerden: Schreiben Sie einen negativen Gedanken auf ein Stück Papier und werfen Sie das Papier in den Müll oder verbrennen Sie es.
2. Erzählen Sie einer Ihnen nahestehenden Person von dem Bemühen, Ihre negativen Gedanken neu einzuordnen. Bitten Sie sie darum, Sie sanft darauf hinzuweisen, wenn Sie eine abwertende Meinung über sich äußern.
3. Wenn Sie begonnen haben, »Ihre Geschichten zu benennen«, und Ihnen auffällt, um welche Themen es sich bei den ständigen Gedanken handelt, schreiben Sie sie auf. Diese Themen werden Ihnen helfen, Ihre Glaubenssätze im nächsten Kapitel zu identifizieren.
4. Erinnern Sie sich an eine Zeit, in der Sie viele Fantasien darüber hatten, wie Ihr Plan scheitern würde, der dann schließlich doch gelang. Halten Sie sich diese Geschichte vor Augen, wenn Sie sich das nächste Mal Sorgen über ein zukünftiges Ereignis machen.
5. Feiern Sie Ihre Siege! Belohnen Sie sich, wenn Sie sich gegen Ihre negativen Gedanken durchsetzen, um Ihren Zielen näherzukommen.

KAPITEL 6

MIT DEN ÜBERZEUGUNGEN ARBEITEN

· ·

»SO SIND MENSCHEN EBEN: WIR ZWEIFELN ALLE UNSERE ÜBERZEUGUNGEN AN, BIS AUF DIEJENIGEN, VON DENEN WIR WIRKLICH ÜBERZEUGT SIND, UND BEI DENEN DENKEN WIR NIEMALS DARAN, SIE ANZUZWEIFELN.«

ORSON SCOTT CARD

Wer schon einmal in Therapie war, weiß, dass ein negativer Gedanke selten allein kommt. Beginnt man erst einmal, seine Denkweise zu untersuchen, begreift man, dass ein Gedanke nur ein Zweig eines weit tiefer verwurzelten Baumes ist. Man klettert immer weiter hinunter und fragt sich: »Warum mache ich das? Wer sagt das? Wo kommt das denn her?« Schließlich kommt man am Fuß des Baumstamms an und erlebt einen Durchbruch: Man begreift, wie ein winzig kleiner, vor langer Zeit gepflanzter Same so weit heranwachsen konnte, dass er ein ganzes Weltbild prägt. Die Wurzeln dieses Baumes sind Ihre negativen Grundüberzeugungen.

Ein Beispiel: Als Jasmins Freundinnen über ihre glücklichen Beziehungen redeten, merkte sie, wie sie das immer mehr aufwühlte. Sie wusste, sie hätte sich für sie freuen sollen, fühlte sich stattdessen aber befremdet. Jasmins Freund kritisierte sie ständig und vermittelte ihr das Gefühl, ihre Meinung sei wertlos. Jasmins Freundinnen hatten ihr mehr als einmal gesagt, sie sollte schlussmachen. Aber sie antwortete immer sofort: »Oh nein, ich könnte ihn nie verlassen.«

Eines Tages hielten ihre Freundinnen dagegen. »Warum nicht?«, fragten sie. »Was würde denn passieren, wenn du es doch tust?« Jasmin brach in Tränen aus. Sie hatte das noch nie

eingestanden, aber in Wirklichkeit war sie davon überzeugt, sie würde auf immer und ewig allein bleiben, wenn sie sich von ihrem Freund trennen würde. Dieser sagte Jasmin andauernd, sie könnte es überhaupt nicht besser treffen als mit ihm, und sie begriff, dass sie diese Botschaft verinnerlicht hatte. Aber Jasmins Freundinnen erinnerten sie daran, dass sie etwas Besseres verdiente. Liebe und Respekt standen ihr genauso zu wie allen anderen auch.

Nachdem Jasmin ihrer negativen Grundüberzeugung auf den Grund gegangen war, war sie fest dazu entschlossen, die Welt anders zu betrachten. Das lernen Sie in diesem Kapitel.

Überdenken Sie Ihre Ziele

Schauen Sie sich noch einmal die Ziele an, die Sie sich in Kapitel 2 gesetzt haben. Wie könnte das Erkennen und Umgestalten Ihrer Glaubenssätze Ihnen Ihrer Meinung nach beim Erreichen dieser Ziele helfen?

_____

_____

_____

_____

Negative Grundüberzeugungen identifizieren

Grundüberzeugungen sind allgemeine Prinzipien und Annahmen, die uns durchs Leben führen. Sie können positiv sein: beispielsweise »Die meisten Menschen sind gut« oder »Ich schaffe alles, was ich mir vornehme«. Sie können uns aber auch einschränken und den Verstand dazu bringen, die Welt als finsterer und weit weniger chancenreich zu sehen, als sie tatsächlich ist. Für Grundüberzeugungen gibt es unterschiedliche Ursachen, unter anderem Kindheitserfahrungen, Umweltfaktoren und angeborenes Temperament. Und obwohl es hilfreich sein kann, herauszufinden, woher diese tiefsten Überzeugungen stammen, brauchen Sie ihren Ursprung nicht genau zu bestimmen, um sie zu identifizieren und auszumerzen.

HÄUFIGE GRUNDÜBERZEUGUNGEN

Wer unter mangelndem Selbstvertrauen leidet, stellt häufig fest, dass einer der folgenden Grundüberzeugungen im Spiel ist. Falls Sie sich von einem oder mehreren Punkten auf dieser Liste angesprochen fühlen, zeige ich Ihnen später in diesem Kapitel, wie Sie sich eingehender mit diesen Grundüberzeugungen befassen können.

Ich gehöre nicht hierher. Wer in jungen Jahren von Gleichaltrigen oder sogar der eigenen Familie abgelehnt wurde, fühlt sich womöglich jahrelang als Außenseiter. Als Erwachsener vermeidet man aus Angst vor Ablehnung vielleicht, sich auf andere einzulassen, oder lebt das andere Extrem und ist übermäßig darauf bedacht, das ideale Gruppenmitglied zu sein.

Die Welt ist gefährlich. Dieser negative Glaubenssatz ist Auslöser starker Besorgnis und Risikovermeidung. Wer hinter jeder Ecke das Böse oder Unglück lauern sieht, schränkt seine Aktivitäten sehr wahrscheinlich ein und sucht zur Linderung seiner Ängste Beruhigung im Übermaß. Man neigt außerdem dazu, die Wahrscheinlichkeit negativer Ergebnisse zu über- und seine Fähigkeit, damit umzugehen, zu unterschätzen.

Ich bin ein Versager / Ich bin nicht gut genug. Das anhaltende Gefühl, Anforderungen nicht gerecht zu werden, kann oft zurückgeführt werden auf überkritische Eltern, Mobbing durch Klassenkameraden oder die Neigung, sich mit anderen zu vergleichen. Diese Überzeugung führt mitunter dazu, sich zu sehr anzustrengen und zu überkompensieren. Sie fördert auch das Hochstapler-Syndrom, also das ständige Gefühl, dass man ein Blender ist und jeden Tag entlarvt werden kann. Menschen, die sich selbst als Versager sehen, neigen mitunter auch zu Vermeidungsverhalten oder Prokrastination. So können sie sagen: »Ich habe nicht versagt; ich habe es nie wirklich versucht.«

Ich muss perfekt sein. Als Pendant zu »Ich bin nicht gut genug« führt auch dieser Glaubenssatz dazu, dass Menschen sich antreiben, bis Ihre Gesundheit oder Beziehungen Schaden erleiden. Perfektionisten haben unrealistisch hohe Erwartungen und neigen dazu, sich auf ihre Schwächen und Fehltritte zu konzentrieren. Es fällt ihnen unter Umständen schwer, das Leben nicht ganz so ernst zu nehmen, und sie haben oft das Gefühl, dass ihnen zu wenig Zeit zur Verfügung steht.

NACH WIEDERKEHRENDEN THEMEN SCHAUEN

Lesen Sie sich Ihre Notizen zu den automatischen negativen Gedanken durch. Fallen Ihnen wiederkehrende Themen/Motive auf?

_____

_____

_____

_____

_____

_____

_____

Gibt es in Ihren Notizen Übereinstimmungen mit Punkten der folgenden Liste? Prüfen Sie, ob einer dieser Glaubenssätze Ihrem Bauchgefühl entspricht, auch wenn Sie intellektuell verstehen, dass er nicht stimmt.

- ☐ Ich bin nicht gut genug.
- ☐ Ich bekomme nichts richtig hin.
- ☐ Ich bin wertlos.
- ☐ Ich bin ein Versager.
- ☐ Ich bin nicht normal.
- ☐ Ich bin nicht erwünscht.
- ☐ Ich bin nicht liebenswert.
- ☐ Ich gehöre nicht dazu.
- ☐ Ich bin ganz allein.
- ☐ Ich bin nicht wichtig.
- ☐ Ich bin nicht so gut wie andere.
- ☐ Bestimmt werde ich abgelehnt.
- ☐ Ich bin schwach.
- ☐ Ich kann nicht mit anderen mithalten.
- ☐ Ich habe keinen Erfolg.
- ☐ Ich kann mit nichts umgehen.
- ☐ Ich bin ein Verlierer.
- ☐ Ich darf keinen Fehler machen.
- ☐ Ich muss perfekt sein.
- ☐ Meine Bedürfnisse sind nicht wichtig.
- ☐ Ich bin uninteressant.
- ☐ Anderes Thema, das mir aufgefallen ist: _____

DEM WEG FOLGEN

»Dem Weg irrationaler Gedanken folgen« ist ein Prozess, bei dem man sich selbst fragt oder von einem Therapeuten oder einem vertrauenswürdigen Freund fragen lässt: »Was passiert dann?«

Die meisten Mitarbeiter in Claires Abteilung waren am Wochenende zur Babyparty einer Kollegin eingeladen. Claire bekam Gespräche darüber mit und war verletzt, weil sie nicht eingeladen war. Sie brachte die Angelegenheit bei ihrer Therapeutin zur Sprache, die Claire mit einfachen Fragen half, den Weg zu einer unwahren Grundüberzeugung zurückzuverfolgen.

Sie mögen mich nicht.

Was passiert dann? Was bedeutet das?
Ich werde nie gute Freunde haben.

Was passiert dann? Was bedeutet das?
Ich werde nie eine Beziehung haben.

Was passiert dann? Was bedeutet das?
Ich bin nicht liebenswert.

Ohne den Gedankengang nachzuverfolgen, hätte Claire nie erkannt, dass es bei ihrer Fixierung auf die Babyparty ihrer Kollegin in Wirklichkeit nicht um die Party selbst ging. Es ging um die tief sitzende Überzeugung, dass sie es nicht wert ist, geliebt oder akzeptiert zu werden.

Versuchen Sie es selbst mit einem der negativen Gedanken, die Sie bei der Beobachtung Ihres inneren Kritikers in Kapitel 5 bemerkt haben.

Mein Gedanke:

_____

Was passiert dann? Was bedeutet das?

_____

Was passiert dann? Was bedeutet das?

_____

Wiederholen Sie diesen Prozess des Infragestellens, bis Sie das Gefühl haben, an der Wurzel angekommen zu sein: bei Ihrer negativen Grundüberzeugung.

_____

_____

_____

_____

EINE BESSERE SELBSTWAHRNEHMUNG ENTWICKELN

Die Kenntnis unserer eigenen Werte und Ziele trägt wesentlich zur Entwicklung einer gesunden Selbstwahrnehmung bei und ermöglicht es uns, auch bei Rückschlägen widerstandsfähig zu sein und dem Druck des Umfelds standzuhalten. Aber wenn Sie sich mit Ihren Grundüberzeugungen auseinandersetzen, stellen Sie vielleicht fest, dass Sie Ihr authentisches Selbst in den Hintergrund gedrängt haben, um den Erwartungen anderer gerecht zu werden. Hier sind einige Hinweise, wie Sie mit Ihrem wahren Selbst in Kontakt kommen können.

Setzen Sie Grenzen. Wenn Ihnen das Nein-Sagen schwerfällt, tun Sie unversehens vieles, was nichts mit dem zu tun hat, was Sie lieben oder schätzen.

Gewöhnen Sie sich an das Alleinsein. Vielleicht möchten Sie unbedingt diesen Film sehen oder jene Stadt besuchen, rechnen aber einfach nicht damit, dass jemand Sie begleiten wird. Lassen Sie sich davon nicht abhalten!

Vermeiden Sie Vergleiche. Versuchen Sie, es wahrzunehmen, wenn Sie das Gefühl haben, dass Sie mit anderen nicht mithalten können, und denken Sie daran, dass jeder seinen Lebensweg auf seine Weise geht.

Überlegen Sie, was Sie motiviert. Die Anmeldung zu einem Spinning-Kurs um 8 Uhr morgens bringt Sie vielleicht nicht dazu, mehr zu trainieren, und das wissen Sie im Grunde genommen auch. Das ist in Ordnung! Strukturieren Sie Ihr Leben so, dass Sie an einem Ziel dranbleiben, nicht so, wie es für einen Freund funktioniert.

Werden Sie zum Rebellen. Sie müssen nicht immer gegen die Erwartungen anderer verstoßen, ja nicht einmal meistens. Aber haben Sie den Mut, einen anderen, Ihren Weg zu gehen, wenn alle anderen etwas tun, was einfach nicht zu Ihren Überzeugungen und Werten passt.

GEFÜHLE ALS HINWEISE NUTZEN

Ein Großteil der Arbeit beim Erkennen und Ändern von Grundüberzeugungen besteht zwar darin, seinen Verstand zu benutzen, aber es ist unbedingt notwendig, auch die Gefühle in diesen Prozess einfließen lassen, sonst bleibt er unvollständig. Veränderung findet tatsächlich in den Aha-Momenten statt, in denen die Gefühle mit dem Denken übereinstimmen.

Viele haben leider falsche Vorstellungen über Emotionen. Manchmal haben Menschen Angst vor ihren Gefühlen. Tief im Inneren hegen sie womöglich Gefühle wie Angst, Wut oder Verzweiflung, die sie als zu stark empfinden. Womöglich nehmen sie an, dass sie diese Gefühle unterdrücken müssen, um nicht von ihnen überschwemmt zu werden.

Wie ist das bei Ihnen? Kreuzen Sie auf der folgenden Liste alle zutreffenden Punkte an. (Und keine Sorge, Sie sind nicht allein, wenn Sie mehrere oder sogar alle ankreuzen).

- ☐ Wenn ich meine Gefühle zulasse, verliere ich die Kontrolle.
- ☐ Emotionen wie Wut, Angst und Schmerz sind schädlich oder gefährlich.
- ☐ Wenn ich zulasse, dass ich etwas fühle, fahre ich mich fest und kann nicht weitermachen.
- ☐ Anständige Menschen werden nicht wütend beziehungsweise gute Menschen empfinden keinen Neid.
- ☐ Ich möchte nicht als Drama-Queen bekannt sein.

Auch wenn Ihnen vielleicht etwas anderes beigebracht wurde: Gefühle sind wichtig, nicht gefährlich und nicht von Natur aus unsinnig. Ihre Gefühle haben sich wahrscheinlich aus ganz bestimmten Gründen entwickelt. Wenn Sie zum Beispiel als Kind harsche Kritik erhalten haben, sind Sie unter Umständen nicht in der Lage, sich riskant erscheinende Gefühle zu erlauben – Gefühle, die Sie zwingen könnten, sich erneut Kritik oder Ablehnung auszusetzen. Womöglich reagieren Sie auf kleinste Beschwerden eines Partners oder Mitarbeiters extrem empfindlich. Als Sie jung und weitgehend wehrlos waren, war das eine nützliche Bewältigungsreaktion. Jetzt aber, als Erwachsenem, erscheinen solche intensiven Reaktionen Ihnen selbst und anderen mitunter vielleicht seltsam.

Der springende Punkt ist, dass eine intensive, scheinbar aus heiterem Himmel kommende emotionale Reaktion ein wichtiger Hinweis darauf ist, dass eine Grundüberzeugung am Werk ist. Wenn Sie eine Ahnung davon bekommen, was vor sich geht, ist das der Vorlauf zu dem bereits erwähnten Aha-Moment, dem Punkt, an dem Sie sich anders entscheiden können. Das gibt Ihnen die Gelegenheit, Ihre Überzeugung zu überprüfen.

Schon allein der Schritt, sich ein Gefühl zu vergegenwärtigen und es zu benennen, kann eine Veränderung bewirken. Aha, da ist Wut. Aha, da ist Angst. Einem Gefühl einen Namen zu geben, hat etwas. Das nimmt ihm die Schärfe und macht es milder und leichter handhabbar.

Ihre weniger intensive Reaktion erlaubt es Ihnen, Ihre Überzeugungen neu zu bewerten. Ist es zum Beispiel wirklich wahr, dass nette Menschen keine Wut empfinden? Stimmt es, dass meine Wut mich überwältigen wird?

Neue Grundüberzeugungen etablieren

Wie oft hat das Leben Sie dazu gezwungen, Ihre Überzeugungen zu überdenken? Vielleicht waren Sie fest überzeugt davon, dass die neue Freundin Ihres Expartners eine schreckliche Person ist, bis Sie gesehen haben, dass sie Ihren Kindern eine wirklich gute Stiefmutter ist. Vielleicht waren Sie sicher, nie im Leben Rosenkohl zu mögen, bis ein gutes Rezept Sie umgestimmt hat. Oder vielleicht hat auch eine größere Veränderung Ihrer Überzeugungen stattgefunden, zum Beispiel haben Sie sich von Ihrer Religion losgesagt oder sich politisch neu orientiert, nachdem Sie die Welt besser kennenlernten.

Für solche Gesinnungsänderungen ist einiges an innerer Überzeugungsarbeit notwendig. Sie mussten den Beweis sehen, hören oder – im Falle des Rosenkohls – schmecken, um eine veränderte Haltung überhaupt in Erwägung zu ziehen. Dasselbe gilt für das Ausräumen und Ersetzen Ihrer negativen Grundüberzeugungen über sich selbst durch positive. Ich zeige Ihnen, wie Sie Ihre selbsteinschränkenden Überzeugungen aus einem neuen Blickwinkel betrachten können, bis Ihre Denkweise sich zu verändern beginnt.

DIE VERGANGENHEIT BETRACHTEN

Bei dem Gedanken daran, die Kindheit genauer anzusehen, verdrehen Sie vielleicht die Augen. Fakt ist aber, dass negative Grundüberzeugungen häufig bis in ein sehr junges Alter zurückgehen. Selbst wenn Eltern ihr Bestes geben – aufgrund unterschiedlicher Temperamente von Eltern und Kind kann sich das Kind vom Rest der Familie ausgegrenzt oder verurteilt fühlen. Das gilt auch für Gleichaltrige. Wenn Sie das Elternhaus verlassen haben, könnten Sie an unwahren Überzeugungen über sich selbst festhalten, die in Ihrer Kindheit entstanden sind, das gilt selbst dann, wenn Sie eine neue, unterstützende Familie gefunden haben. Beispielsweise waren Sie vielleicht ein künstlerisch veranlagtes Kind, wurden von Ihren Eltern in dieser Hinsicht aber nicht gefördert, weil sie das nicht für sinnvoll hielten. Heute könnten Sie sich sagen, dass Kreativität weniger wertvoll ist, als Geld zu verdienen, oder nicht zu einem seriösen Menschen passt. Diese Glaubenssätze aus Ihrer Vergangenheit beeinflussen Ihr Handeln in der Gegenwart.

Nun folgt eine Übung. Schauen Sie sich die Liste der Grundüberzeugungen an, die Sie zu Beginn dieses Kapitels identifiziert haben. Schauen Sie, ob Sie in Ihrer Vergangenheit

Botschaften finden können, die diese Gefühle implizit oder explizit aufgreifen. Vielleicht hat Ihr Vater nie bei Ihren sportlichen Wettkämpfen zugesehen und so in Ihnen das Gefühl »Ich bin unwichtig« geweckt, ob er das nun so gesagt hat oder nicht. Oder vielleicht hat Ihre Mutter die Familie verlassen, als Sie noch sehr jung waren, und jetzt denken Sie »Ich bin es nicht wert, geliebt zu werden.« Was auch immer – lassen Sie Ihren Gefühlen freien Lauf.

NACH BEWEISEN SUCHEN

Glaubenssätze treten paarweise auf. Wenn eine innere Botschaft lautet »Ich bin nicht gut genug«, kann man diese Überzeugung aushungern, indem man ihren »guten Zwilling« füttert: »Ich bin gut genug.« Suchen Sie nach Beweisen, um die positiven Grundüberzeugungen zu fördern: die Auswirkungen Ihres Verhaltens, die Hindernisse, die Sie überwunden haben, die Menschen, die Sie lieben und unterstützen. So lenken Sie allmählich die Aufmerksamkeit Ihres Verstandes von den Fehlern und Misserfolgen ab, von denen Sie irrtümlich glauben, sie würden Ihren Träumen im Weg stehen.

Probieren Sie es hier aus:

Meine negative Grundüberzeugung:

Die gegenteilige, positive Grundüberzeugung:

Beweis für die positive Grundüberzeugung:

Greifen Sie immer dann auf diese Liste zurück, wenn Sie eine Aufmunterung brauchen. Aber hören Sie an dieser Stelle nicht auf, sondern füllen Sie diese Beweisliste auch weiterhin mit neuen Erfahrungen. Das funktioniert besonders dann ausgesprochen gut, wenn der selbsteinschränkende Glaubenssatz »Ich kann das nicht« lautet. Möglicherweise denken Sie: »Ich bin einfach kein sportlicher Typ. Meine Freunde wollen, dass ich in ihrer Fußballmannschaft mitspiele, aber ich weiß, dass ich mich dort blamieren würde.« Na, und warum nicht ausprobieren? Es könnte sein, dass Sie sich nach ein paar Wochen das Gegenteil bewiesen haben. Und dann werden Sie zukünftig immer wissen, dass Sie zu mehr in der Lage sind, als Sie vorher geglaubt haben.

KLEINE EXPERIMENTE DURCHFÜHREN

Denken Sie einmal an den naturwissenschaftlichen Unterricht Ihrer Schulzeit zurück. Erinnern Sie sich an die Arbeitsschritte bei der Durchführung eines Experiments? Zuerst stellen Sie Ihre Hypothese auf – mit anderen Worten: Was wird Ihrer Meinung nach passieren? Dann entwerfen Sie eine Vorgehensweise, um die Hypothese zu testen. Als Nächstes zeichnen Sie die Ergebnisse auf und analysieren, ob Ihre Hypothese unterstützt wird oder ob alternative Erklärungen in Betracht gezogen werden sollten. Mithilfe dieser Herangehensweise kann man auch neue Kernüberzeugungen entwickeln.

Kiara, kürzlich geschieden, arbeitete an ihrer Selbstsicherheit, um mehr allein zu unternehmen. Im Laufe der Jahre war sie in Bezug auf ihre sozialen Bedürfnisse von ihrem Partner abhängig geworden. Sie stellte zum Beispiel fest, dass sie noch nie allein im Kino war, geschweige denn allein in einem Restaurant gegessen hatte. Während einer unserer Sitzungen erzählte sie von einem Dokumentarfilm, den sie unbedingt sehen wollte, sagte aber, sie würde sich auf keinen Fall trauen, allein ins Kino zu gehen. Als ich sie fragte, warum, sagte sie: »Niemand geht allein ins Kino. Da sind immer nur Paare oder befreundete Gruppen.« Als ich etwas weiter nachhakte, stießen wir auf die Überzeugung, dass nur Versager allein ausgehen.

Wahrscheinlich hätte Kiara nicht auf mich gehört, wenn ich ihr gesagt hätte, dass manche Leute durchaus allein ins Kino gehen. Stattdessen fragte ich sie, ob sie sich auf ein kleines Experiment einlassen würde. Wir schmiedeten einen Plan: Sie sollte zu dem Film, den sie sehen wollte, einige Minuten zu spät im Kino erscheinen. Ihrer Meinung nach wäre es für sie unerträglich, allein in der Schlange zu stehen oder in der Lobby zu warten. Indem sie ein wenig zu spät kam, konnte sie dem Gedränge ein wenig entgehen. Nachdem sie ihre Karte hatte und drinnen war, sollte sie sich in die letzte Reihe setzen, und nachdem sie ihre »Daten« gesammelt hatte, konnte sie gehen.

Kiaras Aufgabe war es, zu zählen, wie viele Leute allein im Saal saßen. Falls sie im

Dämmerlicht etwas mehr erkennen konnte, sollte sie auch ihre Beobachtungen notieren. Sahen die Kinogänger wie Trottel aus? Verhielten sie sich wie Verlierer? Zogen sie mit irgendwelchen auffälligen Verhaltensweisen die Aufmerksamkeit auf sich? Oder saßen sie nur da und schauten sich den Film an?

Als ich Kiara beim nächsten Termin wiedersah, drückte ich die Daumen, dass auch wirklich ein paar Leute allein ins Kino gegangen waren. Und tatsächlich: Kiara hatte sechs Personen gezählt, die sich den Film allein anschauten. Als ich sie fragte, ob einer von ihnen ihrer Meinung nach wie eine Niete aussah, lachte sie. »Das kann ich gar nicht sagen. Ich habe mich so in den Film vertieft, dass ich nicht mehr auf sie geachtet habe.« Kiara griff meinem nächsten Gedanken vor, indem sie hinzufügte: »Und nachdem ich die anderen nicht weiter beachtet habe, nehme ich an, dass mich auch niemand weiter beachtet hat.«

Das erwies sich als eine hochwirksame Methode, um Kiaras Grundüberzeugung zu ändern und ihr das Selbstvertrauen zu verleihen, nach ihrer Scheidung wieder allein zu leben.

SICH AUF DAS GUTE KONZENTRIEREN

Nun sind Menschen aber natürlich emotionale Wesen, deshalb funktioniert eine völlig rationale Herangehensweise manchmal einfach nicht. Dann ist es Zeit, die Gefühle anzusprechen.

Konzentrieren Sie sich einmal mehr auf das positive Gegenstück zu einer Ihrer negativen Grundüberzeugungen. Denken Sie an eine Zeit, in der sich die positive Aussage wirklich wahr anfühlte, mochte das Gefühl auch noch so flüchtig gewesen sein. Lautet ihre negative Grundüberzeugung beispielsweise »Ich bin nicht gut genug«, erinnern Sie sich an einen Zeitpunkt, zu dem Sie sich »gut genug« fühlten. Schwelgen Sie ein paar Minuten in diesem Gefühl und denken Sie daran, dass Sie sich wieder genauso fühlen können und fühlen werden.

Gestehen Sie es sich zu, neue Beweise für die gute Überzeugung zu akzeptieren, auch wenn Sie sie vielleicht lieber abtun würden. Vielleicht haben Sie ein Vorstellungsgespräch für Ihre Traumstelle an Land gezogen und möchten sich instinktiv sagen: »Na, das ist sowieso bloß Zufall. Die stellen mich doch nie ein.« Statt sich in die Negativität zu begeben, nehmen Sie sich einen Moment, um sich bewusst zu machen – und zu feiern! –, dass Ihre Bewerbungsunterlagen einen guten Eindruck auf den Arbeitgeber gemacht haben und dieser Sie nun kennenlernen möchte. Die wahrgenommenen Schwächen im Blick zu behalten, ist der Schlüssel zur Neuausrichtung Ihres Wertesystems hin zu realistischen, selbstmitfühlenden Ansichten.

»SELBSTVERTRAUEN IST IM GRUNDE GENOMMEN ANSPRUCHSDENKEN. ANSPRUCHSDENKEN HAT EINEN SCHLECHTEN RUF, WEIL ES FAST AUSSCHLIESSLICH DEN NUTZLOSEN KINDERN REICHER LEUTE ZUGESCHRIEBEN WIRD ... ABER ANSPRUCHSDENKEN AN SICH IST NICHTS SCHLECHTES. ANSPRUCHSDENKEN IST SCHLICHT DIE ÜBERZEUGUNG, DASS MAN ETWAS VERDIENT.«

MINDY KALING

Eine für das Selbstvertrauen wesentliche Grundannahme lautet »Mein Wert als Person ist dem anderer ebenbürtig.« Das bedeutet nicht, dass man für seine Wünsche nicht arbeiten müsste und schon gar nicht, dass das Leben seine Belohnungen gerecht verteilt. Es bedeutet jedoch durchaus, dass man wie alle anderen auch das Recht hat, für sich selbst einzustehen, seine Träume zu verwirklichen, sein Leben zu genießen und etwas in der Welt auf eine in den eigenen Augen sinnvollste Art zu bewegen.

Manchmal ist es kaum vorstellbar, sich auf Augenhöhe mit denjenigen zu sehen, die man am meisten bewundert. Dann denkt man: »So-und-so macht so tolle Sachen, aber ich könnte das nie. Mir fehlt einfach das Zeug dazu.« Wenn Ihnen solche Botschaften durch den Kopf gehen, lassen Sie sie nicht einfach davonkommen. Halten Sie sie auf. Befragen Sie sie. Was heißt denn »das Zeug dazu«?

Vielleicht meinen Sie, Sie wären für eine bestimmte Rolle im Leben nicht geeignet, weil Sie nicht einem bestimmten Schema entsprechen: Sie kommen nicht aus der »richtigen« sozialen Schicht, gehören nicht zu den »richtigen« Leuten, sehen nicht »richtig« aus oder haben nicht die »richtige« Persönlichkeit. Sie schließen sich selbst aus, bevor Sie überhaupt angefangen haben, den Erfolg anzustreben, Sie schaffen Einschränkungen, die vielleicht gar nicht existieren.

Natürlich können nicht immer alle Träume verwirklicht werden. Ein 50-Jähriger, der noch nie Baseball gespielt hat, wird es nicht in die Major League schaffen. Und selbst wenn das Erfolgspotenzial vorhanden ist, kann es wirklich schwer sein, aus der Masse herauszustechen – da braucht man nur jemanden zu fragen, der schon einmal die einzige Frau oder die einzige Person of Color im Raum war. Aber seien Sie doch nicht selbst derjenige, der Ihre Träume platzen lässt. Seien Sie derjenige, der immer weiter auf seine Ziele hinarbeitet, selbst wenn andere sagen, Sie würden sie nie erreichen. Wenn Sie hart arbeiten, schaffen Sie das.

FAKTOR ANGST: AN SEINEN GRUNDÜBERZEUGUNGEN ARBEITEN

Es ist beängstigend, Überzeugungen zu hinterfragen, die einem lange als grundlegende Wahrheiten erschienen sind. Womöglich fühlten Sie sich ein wenig überwältigt, als Sie weiter vorn in diesem Kapitel Beweise für positive Grundüberzeugungen finden sollten. Das kann daran liegen, dass Ihre negative Grundüberzeugung als eine schöne Ausrede für das Verharren in der Komfortzone dient: »Wenn ich sowieso keinen Erfolg habe, brauche ich es gar nicht erst zu versuchen!« Wenn Sie beginnen, diese Glaubenssätze loszulassen, fühlen Sie sich vielleicht plötzlich sehr verletzlich. Jetzt gibt es keine Entschuldigung mehr dafür, es nicht zu versuchen, und ein Versuch kann natürlich auch fehlschlagen. Notieren Sie sich Ängste und Befürchtungen, die Sie beim Durcharbeiten dieses Kapitels gespürt haben.

_____

_____

_____

_____

_____

_____

_____

Es ist völlig normal, sich der Annahme positiver Grundüberzeugungen zunächst zu widersetzen, weil man sich davor fürchtet, sich die Finger zu verbrennen, wenn man sich erst einmal darauf eingelassen hat. Aber Ihre negativen Grundüberzeugungen tun Ihnen auch weh. Sie halten Sie gefangen, indem sie Ihnen die Lüge erzählen, dass Risiken sich niemals lohnen. Fragen Sie sich, ob Sie wirklich wie Rapunzel im Turm gefangen sein und jedem Risiko aus dem Weg gehen möchten, dafür aber nie erfahren werden, wie es sich anfühlt, sein Potenzial voll auszuschöpfen.

Nun werden Sie negative Glaubenssätze nicht über Nacht loswerden. An manchen Tagen werden Sie sich recht hoffnungsvoll fühlen und an anderen melden sich die alten, selbstbegrenzenden Geschichten wieder zu Wort. Völlig normal. Denken Sie daran, das große Ganze und Ihre bisherigen Fortschritte im Blick zu behalten. Und dann gehen Sie los und starten einen neuen Versuch.

Resümee zum Kapitelende

Jetzt sind Sie auf dem besten Weg, Ihre Sicht auf sich selbst und die Welt so umzugestalten, dass Sie mit größerem Zutrauen, dass es für Sie schon gut laufen wird, durchs Leben gehen können. Im nächsten Kapitel nehmen wir Ihre Ängste in den Blick. Mit den in Kapitel 1 vorgestellten Methoden der Konfrontationstherapie werden Sie einen Plan aufstellen, mit dem Sie beängstigende Situationen nach und nach meistern.

HANDLUNGSEMPFEHLUNGEN

Hier nun einige konkrete Empfehlungen für die praktische Umsetzung der Lektionen und Grundgedanken dieses Kapitels:

1. Schauen Sie sich alte Tagebücher oder Briefe von vor 10 oder 20 Jahren an. Hatten Sie damals selbstbegrenzende Überzeugungen, von denen Sie erfahren haben, dass sie nicht der Wahrheit entsprachen? Denken Sie darüber nach, wie lohnenswert es war, sich selbst zu widerlegen.

2. Halten Sie die Beweise für die positiven Überzeugungen, an deren Aufbau Sie arbeiten, in Form einer visuellen Merkhilfe fest. Das kann so aussehen, dass Sie Fotos an Ihren Kühlschrank hängen, die Sie an erreichte Ziele und liebe Menschen erinnern. Wenn Sie etwas mehr Zeit investieren wollen, können Sie auch eine ganze Collage erstellen, die Sie daran erinnert, dass Sie geliebt werden, talentiert sind, ein großes Herz haben und so weiter.

3. Lesen Sie ein Buch, oder schauen Sie sich einen Film über jemanden an, der sich über Einschränkungen von außen oder von sich selbst hinweggesetzt und Großes erreicht hat. Einige Vorschläge: *Sisters in Law: How Sandra Day O'Connor and Ruth Bader Ginsburg Went to the Supreme Court and Changed the World* von Linda Hirshman (deutsche Alternativen dazu wären zum Beispiel der Film *RBG – Ein Leben für die Gerechtigkeit* von Betsy West und Julie Cohen oder das Buch *Stand up, Speak up! Große Reden kluger Frauen: von Ruth Bader Ginsburg bis Greta Thunberg* von Mia Brown, Charlotte Jackson und Florence Ward); *Meine Welt: Blind, taub und optimistisch* von Helen Keller, *Natürlich blond* von Amanda Brown (auch als Film und Musical) sowie *Blind Side – Die große Chance* von John Lee Hancock (ebenfalls als Film erhältlich).

4. Überlegen Sie sich, wer in Ihrem Umfeld eher positive Grundüberzeugungen hat, und versuchen Sie, mehr Zeit mit diesen Menschen zu verbringen. Und versuchen Sie, den Umgang mit Menschen einzuschränken, die Ihnen ständig ein negatives Gefühl über sich oder die Welt vermitteln.

5. Denken Sie darüber nach, wie Ihr Medienkonsum Ihre Ansichten beeinflusst. Wenn Sie sich beispielsweise die Denkweise abgewöhnen wollen, hinter jeder Ecke lauere Gefahr, sollten Sie eventuell weniger Nachrichten und auf wahren Begebenheiten beruhende Krimis schauen.

KAPITEL 7

SICH ÄNGSTEN STELLEN

. . . .

»DIE ANGST SORGT DAFÜR, DASS UNSER BLICK AUF DIE VERGANGENHEIT GERICHTET BLEIBT ODER WIR UNS UM DIE ZUKUNFT SORGEN. WENN WIR UNS UNSERE ANGST EINGESTEHEN, KÖNNEN WIR AUCH ERKENNEN, DASS IN DIESEM AUGENBLICK ALLES IN ORDNUNG IST. JETZT, IN DIESEM AUGENBLICK, SIND WIR NOCH AM LEBEN UND UNSER KÖRPER ARBEITET WUNDERBAR. NOCH KÖNNEN UNSERE AUGEN DEN WUNDERSCHÖNEN HIMMEL SEHEN. NOCH KÖNNEN UNSERE OHREN DIE STIMMEN UNSERER LIEBEN HÖREN.«

THICH NHAT HANH

Natürlich kann man sich sagen, es gäbe nichts, wovor man sich fürchten müsse. Worte reichen aber nicht. Jeder, der schon einmal versucht hat, einem verängstigten Dreijährigen zu erklären, dass sich im Schrank kein Ungeheuer versteckt, weiß, wie zwecklos Worte manchmal sind. Man muss dem Kind zeigen, dass es sicher ist, indem man mit der Taschenlampe in den Schrank leuchtet, alles untersucht, das Kind auffordert, in den Schrank zu schauen, und so weiter. Damit sich Überzeugungen wirklich wandeln können, müssen sie auf einer sehr grundlegenden Ebene, dem Bauchgefühl, widerlegt werden.

Das machen wir in diesem Kapitel. Wir beleuchten, wovor Sie Angst haben, und geben Ihnen praktische Werkzeuge und Strategien an die Hand, mithilfe derer Sie Ihrer Angst in die Augen schauen können und mehr Selbstvertrauen entwickeln. Ich begleite Sie dabei. Erinnern Sie sich an Kapitel 2: Ich werde Sie nicht ins kalte Wasser werfen. Außerdem kann ich mir vorstellen, dass es Ihnen aufgrund der bisher angeeigneten Strategien leichter fallen wird als erwartet, sich Ihren Ängsten zu stellen.

Sich der Angst stellen

Denken Sie daran, dass Angst ein natürlicher Teil unseres evolutionären Erbes ist. Wir benötigen eine Angstreaktion, damit wir nicht in den Verkehr hinausrennen oder die Hand auf eine heiße Herdplatte legen. Unbegründete oder übermäßige Ängste allerdings verursachen selbstverständlich Probleme. Die Konfrontation mit unseren Ängsten zu erlernen kann sehr wirkungsvoll sein, besonders, wenn es etwa im Rahmen einer Konfrontationstherapie systematisch erfolgt.

WIE ES FUNKTIONIERT

Ich beschreibe die Konfrontationstherapie häufig anhand eines einfachen Beispiels, um ihrer Angst davor den Wind aus den Segeln zu nehmen. Vielleicht erinnern Sie sich an die Zeichentrickserie *Rugrats*, die von 1991 bis 2004 ausgestrahlt wurde. In der Serie wurden ganz gewöhnliche Kindheitserfahrungen humor- und verständnisvoll dargestellt.

In der Folge »Großer, tapferer Chuckie« wünscht sich der immer etwas verdrießliche Chuckie Finster, einmal auf der Rutsche im Park zu rutschen und wie alle anderen Kinder Spaß zu haben. Aber beim Blick nach oben wirkt die Rutsche doch allzu bedrohlich. Seine ewige Gegnerin, Angelica, macht sich über ihn lustig und nennt ihn einen Angsthasen. Zum Glück hat Chuckie einen guten Freund, Tommy Pickles. Tommy bringt Chuckie zum schlausten Kind in der Nachbarschaft, Susie, die sich bereit erklärt zu helfen. Unter Susies Anleitung helfen die Kinder aus der Nachbarschaft Chuckie dabei, sich seinen Ängsten zu stellen, indem sie ihn nach und nach Höhen aussetzen, auf einer Reifenschaukel schaukeln lassen, ihm mit einem Ventilator Luft ins Gesicht pusten und ihn in einem Wägelchen fahren lassen. Während er sich an die mit großen Höhen und schnellen Bewegungen verbundenen körperlichen Eindrücke gewöhnt, trichtert ihm Susie ein, er solle sich immer wieder vorsagen: »Ich bin ein großer, tapferer Hund!«

Natürlich endet die Folge damit, dass Chuckie triumphierend auf die Rutsche klettert und genüsslich nach unten rutscht. Als ihn die anderen Kinder fragen, wie er seine Angst überwunden hat, antwortet er: »Ich hab's eben einfach gemacht. Das ist alles.«

WARUM ES FUNKTIONIERT

Exposition funktioniert unter anderem durch einen Prozess, den man *Habituation* nennt [also zu Deutsch: Gewöhnung]. Das bedeutet, je mehr man sich an etwas gewöhnt, desto weniger fühlt es sich wie eine große Sache an. Vielmehr entwickelt es sich zu einer Gewohnheit, die einfach zum Leben dazugehört. Wir sprechen von Habituation, wenn Sie das Geräusch von Laubbläsern im Herbst nicht mehr wahrnehmen oder der klappernde Kühlschrank Sie nicht mehr stört.

Eine weitere Funktionsweise der Expositionstherapie besteht darin, dass sie Ihnen hilft, Ihre Erwartungen an eine bestimmte Situation zu verändern. Sie lernen, dass die Wahrscheinlichkeit eines furchtbaren Ereignisses ziemlich gering ist, wenn Sie sich einer gefürchteten Situation aussetzen, und dass Sie damit umgehen können, falls doch etwas Schreckliches passiert. Einige Kommentare, die ich von Leuten höre, nachdem sie die Expositionstherapie erfolgreich abgeschlossen haben, sind:

- »Ich bin trotz meiner Angst in der Lage zu funktionieren.«
- »Die Angst verschwindet mit der Zeit. Sie hält nicht ewig an.«
- »Ich mag die Angst immer noch nicht, aber ich weiß, dass sie mich nicht umbringen wird.«
- »Ich bin stärker, als ich dachte.«

EINE HIERARCHIE SCHAFFEN

Merima ist vor fast fünf Jahren mit ihrem Mann Esad aus Bosnien eingewandert. Esad arbeitet in einem Lebensmittelladen. Die beiden haben zwei Kinder, die mittlerweile zur Schule gehen. Etwa ein Jahr nach ihrer Ankunft in den Vereinigten Staaten machte Merima den Führerschein, fuhr aber überhaupt nicht gern Auto. Esad versicherte ihr, sie sei eine sichere und kompetente Fahrerin, aber sie traute ihren Fähigkeiten trotzdem nicht und mied das Autofahren, wann immer es ging. Sie sagte ihm, solange die Kinder klein und zu Hause seien, bräuchte sie sowieso nicht Auto zu fahren. An den Wochenenden nahm Esad sie zu Besorgungen mit. Aber jetzt waren die Kinder in der Schule und sie sehnte sich nach mehr Unabhängigkeit. Sie wollte an der Schule ihrer Kinder mithelfen und in der Lage sein, während der Woche Erledigungen zu machen.

Merima arbeitete mit einem Berater eines nahe gelegenen internationalen Zentrums zusammen, der sich mit Expositionstherapie auskannte. Gemeinsam erstellten sie eine Hierarchie: einen detaillierten Plan, um Merima das Autofahren wieder zu ermöglichen. Wie man fährt, wusste sie ja bereits, aber sie musste Zutrauen in ihre Fähigkeiten gewinnen und ihre Angst überwinden.

Beim Erstellen einer Hierarchie geht es darum, die Angst in kleine Schritte herunterzubrechen. Dabei steigt mit den Schritten die Herausforderung: Am Anfang ist sie noch sehr niedrig, im Laufe der Zeit wird es schwieriger. Es handelt sich also um eine nach Schwierigkeitsgrad gegliederte Liste, wobei das Kriterium das Maß an Stress ist, der beim jeweiligen Schritt ausgelöst würde.

So sah Merimas Konfrontationshierarchie aus.

Aktivitäten mit geringem Herausforderungsgrad

(Der Angstpegel würde auf einer 10-Punkte-Skala nicht mehr als eine 3 erreichen, wobei 10 den schlimmstmöglichen Grad der Angst darstellt).

- Mich auf den Fahrersitz setzen.
- Aus der Einfahrt fahren.
- Mit Ehemann um den Block fahren.
- Allein um den Block fahren.

Mäßig herausfordernde Aktivitäten

(Der Angstpegel würde auf einen Wert von 4 bis 7 ansteigen, wobei 10 den schlimmstmöglichen Grad der Angst darstellt).

- Zehn Minuten mit Ehemann durch die Nachbarschaft fahren.
- Zehn Minuten allein durch die Nachbarschaft fahren.
- Mit Ehemann auf einer Anliegerstraße links abbiegen.
- Allein auf einer Anliegerstraße links abbiegen.

Aktivitäten mit hohem Herausforderungsgrad

(Der Angstpegel würde auf ein Niveau von 8 bis 10 ansteigen, wobei 10 den schlimmstmöglichen Grad der Angst darstellt).

- Bei leichtem Verkehrsaufkommen mit Ehemann im Stadtverkehr fahren.
- Bei leichtem Verkehrsaufkommen allein im Stadtverkehr fahren.
- Bei mittelschwerem Verkehrsaufkommen mit Ehemann im Stadtverkehr fahren.
- Bei mittelschwerem Verkehrsaufkommen allein im Stadtverkehr fahren.

Beachten Sie, dass Merimas Plan mit einer kleinen Herausforderung beginnt, nämlich im Auto zu sitzen. Nun denken Sie vielleicht: »Das ist doch kinderleicht!« Aber bei Merima löste allein das schon leichte Ängste aus, also war es ein guter Ausgangspunkt. Kleinschrittig anzufangen erhöht nicht nur ihre Erfolgschancen, sondern motiviert sie auch zum Weitermachen, wenn die Belastungen allmählich schwieriger werden.

Verwenden Sie das Formular »Meine Konfrontationshierarchie«, um Ihren eigenen Plan aufzustellen. Denken Sie daran: Das hier ist Ihr Plan, für Ihre Ziele. Vielleicht haben Sie festgestellt, dass Merima in ihrer Hierarchie nichts über das Fahren auf der Autobahn eingetragen hat. Möglicherweise möchte sie das später hinzufügen, aber im Moment betrachtet sie das für ihre Unabhängigkeit nicht als notwendig. Versuchen Sie, ein Gleichgewicht zu finden und einen Plan zu erstellen, der Ihnen hilft, Ihre Ziele zu erreichen, ohne Sie unnötig zu belasten.

Meine Konfrontationshierarchie

Kaum herausfordernde Aktivitäten

_____

_____

_____

_____

_____

Mäßig herausfordernde Aktivitäten

_____

_____

_____

_____

_____

Stark herausfordernde Aktivitäten

_____

_____

_____

_____

_____

KONFRONTATIONEN DURCHFÜHREN

1. Beginnen Sie mit dem ersten Punkt Ihrer Hierarchieliste, also mit einer kaum herausfordernden Aktivität.
2. Begeben Sie sich in die Situation und führen Sie das Vorhaben aus (Merima zum Beispiel setzt sich auf den Fahrersitz).
3. Das Angstniveau wird nun ansteigen. Das ist ein Zeichen dafür, dass die Konfrontation wirkt. Lassen Sie die Empfindungen zu. Sie werden feststellen, dass die Angst Ihnen nicht schadet und Sie in der Lage sind, sie auszuhalten.
4. Sie können Atemtechniken und eine Bewältigungsaussage zur Hilfe nehmen, aber achten Sie darauf, dass diese nicht zur Ablenkung werden. Ziel der Übung ist zu erfahren, dass die Angst an sich nicht gefährlich ist, und das funktioniert nicht, wenn Sie es sich nicht erlauben, die Symptome in vollem Umfang wahrzunehmen.
5. Bleiben Sie in der Situation, bis das Angstniveau wieder sinkt. Wenn Sie die Situation verlassen, solange das Niveau noch hoch ist, verstärkt dies die Angst. Der Grundgedanke ist, dass Sie lange genug in der Situation bleiben, um zu verstehen, dass die Angst nicht unendlich lange anhält und Sie mit der Situation umgehen können.
6. Wiederholen Sie diesen Punkt auf Ihrer Liste, bis Sie das Gefühl haben, Sie könnten ihn ohne größere Schwierigkeiten wiederholen. Dafür sind höchstwahrscheinlich mehrere Übungseinheiten notwendig. Anschließend können Sie zum nächsten Punkt Ihrer Konfrontationshierarchie übergehen.
7. Dokumentieren Sie die Konfrontationseinheiten im Abschnitt »Mein Konfrontationsprotokoll«.

Hinweis: Wenn Sie merken, dass eine bestimmte Konfrontationseinheit nicht gut läuft, weil etwa die Angst stärker ist, als Sie es beim Erstellen der Hierarchie erwartet hatten, ist es in Ordnung, hin und wieder eine Einheit früher abzubrechen. Das sollte nicht zur Gewohnheit werden, aber Sie sollten sich schon imstande fühlen, das Tempo des Prozessablaufs zu kontrollieren. In dem Fall jedoch ist es kein großer Verlust. So fangen Sie eben mit einem einfacheren Punkt neu an und arbeiten sich dann wieder die Hierarchie hinauf.

Wenn Sie erst einmal in Fahrt gekommen sind, stellen Sie wahrscheinlich fest, dass die nötige Zeit für eine »Sitzung« immer kürzer wird. Das liegt daran, dass Sie das Gelernte aus der einen Einheit in die nächste mithineinnehmen. Als beispielsweise Merima bei den mäßig herausfordernden Aktivitäten, sprich den Fahrten in ihrer Nachbarschaft, angekommen war, hatte sich ihr Körper bereits beruhigt, und sie saß bei Weitem nicht so zittrig hinter dem Lenkrad wie zu Anfang, als sie einfach nur rückwärts aus der Auffahrt fuhr.

Mein Konfrontationsprotokoll

Meine Tätigkeit	Herausforde-rungsniveau (kaum, mäßig, hoch)	Aufgewendete Zeit	Angstniveau zu Beginn (1–10)	Angstniveau am Schluss (1–10)

Weitere Tipps für eine erfolgreiche Konfrontationstherapie:

Regelmäßig üben. Wenn Sie zwischen den Übungseinheiten zu viel Zeit verstreichen lassen, bleiben Handlungsimpuls und Motivation auf der Strecke.

Ablenkungen reduzieren. Wie oben bereits erwähnt, ist es völlig in Ordnung, Atemtechniken einzusetzen und sich eine einfache Bewältigungsaussage zu sagen, etwa: »Ich halte die Angst aus, sie ist gar nicht so schlimm.« Aber wenn Sie merken, dass Sie sich durch die Beschäftigung mit vielen anderen Ritualen davon ablenken, sich voll und ganz auf das Konfrontationsobjekt einzulassen, ziehen Sie nicht den vollen Nutzen aus der Übung.

Loben Sie sich. Sie haben es sich verdient, stolz auf Ihre Bemühungen zu sein und sich gut damit zu fühlen, ganz egal, wie eine konkrete Konfrontationseinheit verläuft. So wie Chuckie sind Sie ein großer, tapferer Hund!

KRÜCKEN FÜR DAS SELBSTVERTRAUEN

Viele Menschen setzen zur Stärkung des Selbstbewusstseins Verhaltensweisen ein, die kurzfristig funktionieren, aber auf lange Sicht nach hinten losgehen. Psychologen nennen dies Rückversicherungsverhalten oder partielles Vermeidungsverhalten. Mit anderen Worten: Jemand begibt sich vielleicht in eine Angst einflößende Situation, verlässt sich aber für die Kontrolle der daraus resultierenden Angst auf eine Krücke. Kommt Ihnen eines der folgenden Beispiele bekannt vor?

- Sich in den hinteren Teil des Kurses oder Konferenzraums setzen, wo man nicht interagieren muss.
- Nur auf eine Party gehen, wenn man schon vorher trinken kann.
- Übermäßige Selbstmedikation oder Drogenkonsum, um mit gefürchteten Situationen fertig zu werden.
- Nie zu früh zu einem Meeting kommen, um Small Talk zu vermeiden.
- Durch gedankenloses Hantieren mit dem Handy Blickkontakt vermeiden.
- Exzessiv recherchieren oder sich übermäßig vorbereiten, damit nur ja nichts schiefgeht.
- Immer einen Begleiter dabeihaben.
- Beim Halten einer Rede immer mit dem Blick an den Notizen kleben.

Das Problem bei diesen Verhaltensweisen ist, dass Sie denken, es sei nichts Schlimmes passiert, weil Sie die Krücke benutzt haben. So haben Sie keine Chance, sich selbst zu beweisen, dass Sie es auch allein schaffen können.

IN-SENSU-KONFRONTATION

Mitunter nützt Ihnen vielleicht auch die mit dem Fachbegriff In-sensu-Konfrontation« bezeichnete Herangehensweise, bei der man sich die Konfrontation mit der Angst *vorstellt*. Das ist eine andere Variante der Gewöhnung an die Ängste als die Gewöhnung im wirklichen Leben. Es gelten dieselben Prinzipien, mit Ausnahme der Tatsache, dass Sie die Konfrontationsschritte in Ihrer Fantasie durchführen. Mithilfe der In-sensu-Konfrontation umgeht man einige Probleme, die bei der klassischen Konfrontationstherapie auftreten können. Was wäre beispielsweise, wenn Merima schon allein beim Sitzen im Auto große Angstgefühle entwickelt hätte? Ein noch kleinschrittigeres Vorgehen wäre denkbar, bei dem sie sich dem

Auto nähert, einige Meter entfernt stehen bleibt, und so weiter. Sie könnte sich aber auch desensibilisieren, indem sie sich die Szene vorher ausmalt. Dafür schreibt man normalerweise zunächst eine Art kurzes Drehbuch, in dem man so viele Einzelheiten der Situation wie möglich erfasst, besonders die Details über befürchtete Vorkommnisse. Dazu gehören alle verstörenden körperlichen Empfindungen, Gedanken, die einem kommen mögen, und gegebenenfalls wie man sich die Reaktion anderer vorstellt. Wenn man dann mit der Konfrontation in der Vorstellungskraft vertraut ist, kann man mit den Konfrontationsübungen im wahren Leben beginnen.

Mit Versagensangst umgehen lernen

Eine der besten Strategien beim Aufbau von mehr Selbstvertrauen ist es, Fehler als Lernerfahrungen zu behandeln. Ich weiß, dass das nach einem Spruch auf einem kitschigen Motivationsposter klingt, aber besser, als im Scheitern richtig gut zu werden, kann man ein erfülltes und erfüllendes Leben gar nicht gestalten. Worauf kommt es beim guten Scheitern also an?

GEFÜHLE EINGESTEHEN

Obwohl wir verstandesmäßig wissen, dass Scheitern sich als Lernerfahrung erweisen kann, ist es trotzdem keine schöne Erfahrung. Wie reagieren Sie instinktiv, wenn eine Situation nicht wie geplant verläuft? Kreuzen Sie alles an, was zutrifft.

- ☐ Ich suche normalerweise nach jemandem oder etwas, dem ich die Schuld geben kann.
- ☐ Ich neige dazu, mir selbst die Schuld zu geben.
- ☐ Ich vermeide, über das Geschehene nachzudenken.
- ☐ Ich esse zu viel, gebe zu viel Geld aus, nehme zu viele Medikamente ein oder trinke zu viel, sehe zu viel fern usw.

Unangenehme Gefühle vermeiden zu wollen, ist völlig normal. Inzwischen wissen Sie sicher, dass Vermeidungsverhalten zu mehr Leid führt. Außerdem führt das Unterdrücken von Gefühlen mitunter tatsächlich dazu, dass eine Erfahrung weniger effektiv verarbeitet wird, man lernt also nicht so viel daraus.

Es erfordert Mut, sich nicht zu betäuben und stattdessen die Erfahrung in ihrer Unmittelbarkeit und Rohheit zu erleben. Und bei Überforderung sind Pausen und etwas Ablenkung gewiss manchmal sinnvoll. Das gehört einfach zu guter Selbstfürsorge dazu.

Aber schonen Sie sich nicht zu lange; Sie sollten wissen, wann es an der Zeit ist, zu Ihren Gefühlen zurückzukehren.

SICH NICHT ALS VERSAGER BEZEICHNEN

Wer einen Fehler gemacht hat, ist deshalb noch lange nicht als Mensch gescheitert. Ein Fehler hängt mit einem konkreten Verhalten oder einem Ereignis zusammen. Wenn man sich selbst als Versager bezeichnet, stellt das ein sehr umfassendes Selbsturteil dar. Schauen Sie sich einmal diesen Gedankengang an:

> Ich habe in einer Prüfung mehrere Fehler gemacht.
> Ich bin bei der Prüfung durchgefallen.
> Ich bin ein Versager.

> Eine gesündere Betrachtungsweise könnte so aussehen:

> Ich habe in einer Prüfung mehrere Fehler gemacht.
> Ich bin bei der Prüfung durchgefallen.
> Ich muss mit dem Professor einen Plan entwickeln.

Denken Sie an eine Zeit in Ihrem Leben, in der Sie bei etwas »versagt« haben. Können Sie die Geschichte so umformulieren, dass Sie sich dabei nicht als Mensch verurteilen?

_____

_____

_____

_____

_____

_____

_____

_____

DEN HUMOR NICHT VERLIEREN

Vor einigen Monaten nahm mein Mann an einem Seminar für Psychologen teil, bei dem es darum ging, vor Gericht als Experte auszusagen. Die meisten Menschen werden beim Gedanken an eine Aussage vor Gericht sehr nervös, und so gehörte zu den Zielen der Präsentation, das Publikum im Umgang mit schwierigen Fragen zu schulen. Der Dozent, ein herausragender forensischer Psychologe mit jahrzehntelanger Erfahrung als Gerichtsexperte, sagte, dass er bei manchen Fragen immer noch nicht wüsste, wie er sie beantworten solle. Bis zu diesem Punkt wirkte er sehr ernst und gesetzt, doch plötzlich hob er die Arme und rief: »Was soll ich sagen? Ich bin ein Mensch mit Fehlern!« Die nervösen Psychologen lachten erleichtert auf. Ich fand die Anekdote einfach herrlich. Natürlich sind auch Experten Menschen. Der Ausruf hat sich zu einer meiner wichtigsten Ermahnungen an mich selbst entwickelt, wenn ich mir den Kopf zerbreche, weil ich etwas falsch gemacht habe: »Hey, ich bin ein Mensch mit Fehlern!« Ich spreche mir das zu und kann mich dann schnell darauf konzentrieren, ob und wie ich den Fehler wiedergutmachen kann.

Auf Erfolg einstellen

Sich zur Steigerung des Selbstvertrauens seinen Ängsten zu stellen, ist kein kleines Unterfangen, aber mit einigen wichtigen Kniffen können Sie Ihre Chancen von vornherein enorm verbessern. Die folgenden Tipps werden Ihnen helfen, Ihre Veranlagungen zu Ihrem Vorteil auszuspielen.

GUTE GEWOHNHEITEN ENTWICKELN

Viele Methoden in diesem Kapitel erfordern Einsatzbereitschaft. Die Entwicklung effektiver Gewohnheiten kann enorm dazu beitragen, dass sich Ihre harte Arbeit auszahlt. Um eine Gewohnheit zu entwickeln, kann man unterschiedliche Gewohnheiten miteinander verknüpfen. Die Formel dazu lautet:

Nachdem ich _____, werde ich _____.

Ein Beispiel:
Nachdem ich Zähne geputzt habe, werde ich meditieren.

Überlegen Sie sich eine zu diesem Kapitel passende Eigenschaft, die Sie gern in Ihrem Alltag umsetzen möchten. Nutzen Sie die vorgestellte Formel und schreiben Sie Ihren Plan auf.

Nachdem ich _____, werde ich _____.

Sie kombinieren eine Tätigkeit, die Sie ohne Nachdenken ausführen, mit der Gewohnheit, die Sie neu entwickeln möchten. Stetigkeit verstärkt die Verknüpfung, und so werden Sie irgendwann mit Leichtigkeit von der einen Tätigkeit zur anderen wechseln.

Dieses »Gewohnheiten-Verknüpfen« kann durch Kettenbildung ergänzt werden. Das bedeutet, man versucht, die Kette nicht abreißen zu lassen, also keinen Tag auszulassen. Beispielsweise könnten Sie sich im Kalender notieren, wenn Sie die gewünschte Gewohnheit »abhaken« konnten. Auf manche wirkt das sehr motivierend. Andere jedoch fühlen sich, als hätten sie es komplett vermasselt, wenn sie mal einen Tag aussetzen, und hören dann ganz auf. Hier kennen Sie sich selbst am besten und müssen entscheiden, ob dieser Tipp Ihnen hilft oder nicht.

Ein weiterer wichtiger Aspekt bei der Entwicklung guter Gewohnheiten ist die Zeitplanung. Notieren Sie sich alle Punkte in diesem Kapitel, die Sie in Ihren Zeitplan aufnehmen möchten, und schreiben Sie sie in einem Kalender, in der Kalender-App Ihres Smartphones oder einer anderen Planungssoftware auf. Die meisten Experten würden Ihnen raten, die schwierigsten Aufgaben am Morgen zu erledigen, da Willenskraft und Energie im Laufe des Tages nachlassen, aber wenn Sie kein Morgenmensch sind, ist das vielleicht nicht der beste Zeitpunkt für Sie.

Ein letzter Tipp ist, sich so einzurichten, dass Ihre Umgebung Sie beim Hinarbeiten auf Ihre Ziele unterstützt. Wenn Sie zum Beispiel versuchen, Yoga in Ihren Tagesablauf einzubauen, sollten Sie Ihre Yogamatte dort verwahren, wo Sie sie sehen können. Sie können auch versuchen, Ihre Trainingspraxis mit einer angenehmen Tätigkeit zu verbinden. Ich kenne Leute, die ihren Morgenkaffee einfach auf der Yogamatte sitzend trinken. Wenn die Tasse leer ist, befinden sie sich schon auf der Matte, und meistens machen sie dann ihre Yoga-Übung. Das Schwerste an einer Gewohnheit ist oft, einfach damit anzufangen.

DIE DENKWEISE ÜBER STRESS ÄNDERN

Wenn Sie ein neues Projekt in Angriff nehmen, sich einer gefürchteten Situation stellen oder sich aus Ihrer Komfortzone herauswagen, registriert Ihr Körper dies als Stressor, auch dann, wenn Sie das vielleicht zur Stärkung Ihres Selbstvertrauens tun. Dauernd wird uns vermittelt, dass Stress schlecht für uns ist: Von Herzkrankheiten bis hin zu Krebs kann er alle möglichen Gesundheitsprobleme verursachen, ganz zu schweigen von Angstzuständen, Depressionen und dem altbekannten Burn-out. Ein Buch der Psychologin Kelly McGonigal stellt diese lang gehegten Überzeugungen über Stress infrage. In *Glücksfaktor Stress* präsentiert sie zahlreiche Forschungsberichte, die zeigen, dass Stress auch Vorteile bringen kann, wenn man die richtige Einstellung dazu hat.

Laut dieser Untersuchungen zeigt Stress normalerweise an, dass eine wichtige Angelegenheit auf dem Spiel steht. Natürlich empfindet man Stress als schrecklich, wenn man die Situation als Bedrohung einschätzt, selbst wenn es nicht um Leben und Tod geht. Nehmen Sie zum Beispiel einen Umzug. Sie sagen sich vielleicht: »Der Umzug in eine neue Stadt stresst mich. Wenn wir in der neuen Nachbarschaft keinen Anschluss finden, werde ich unglücklich sein!« Aber wenn Sie an die Wertearbeit aus Kapitel 2 zurückdenken, stellen Sie fest, dass der Stress auch auf eine Gelegenheit hinweist, sich anzustrengen, alle Ressourcen zu nutzen und sich der Situation zu stellen.

Wenden Sie zunächst die erlernten Achtsamkeitstechniken an, um den Stress völlig urteilsfrei zur Kenntnis zu nehmen. Dann fragen Sie sich, welche wichtige Sache auf dem Spiel steht. Wie passt sie zu Ihren Werten? Vielleicht ist der Umzug eine perfekte Gelegenheit, Ihren Werten gerecht zu werden, nämlich Ihrer Familie ein besseres Leben zu bieten und eine Gemeinschaft von Gleichgesinnten zu finden. Behalten Sie diese werteorientierte Antwort im Hinterkopf, und sagen Sie sich, dass die aufreibende Situation zwar eine Herausforderung, aber keine Bedrohung darstellt. Rufen Sie sich ins Gedächtnis, dass Sie alles haben, was Sie brauchen, um sich auf den Umzug vorzubereiten und sich erfolgreich einzuleben.

Ich ermutige Sie, Stressbewältigungstechniken wie tiefes Atmen und realistische Selbstbotschaften einzusetzen, um sich den Situationen zu stellen, in denen Ihr Selbstvertrauen besonders strapaziert wird. Aber verwenden Sie diese Techniken nur, um sich beim Verfolgen Ihrer Ziele besser zu fühlen, und nicht um in einem ängstlichen Versuch den Stress loszuwerden, weil er schlecht für Sie sei.

UNTERSTÜTZUNG SUCHEN

Die Art der sozialen Unterstützung, die Ihre Vorfahren kannten - eine, bei der Bindungen auf Verwandtschaft, Geografie oder religiöser Ideologie basierten – funktioniert für Sie vielleicht nicht. Obwohl Verbindungen dieser Art viel Gutes hatten, hatten sie auch ihre Schwächen, wie etwa Strenge und Ausschluss. Wer in der Vergangenheit nicht einer bestimmten Norm entsprach, konnte aus der Gruppe ausgeschlossen werden.

Heutzutage müssen Sie vielleicht selbst ein Unterstützungsnetzwerk aufbauen. Dies ist Ihre Chance, Ihre eigene Gruppe von Menschen um sich zu haben, die diesen Weg mit Ihnen gehen. Auf introvertierte Persönlichkeiten kann das abschreckend wirken. Sie denken sich vielleicht: »Ich kann doch nicht auf jemanden zugehen und ihn bitten, Teil meines Unterstützungssystems zu werden!« Keine Sorge, das erwarte ich auch gar nicht von Ihnen. Sie können jedoch offen für Gelegenheiten sein, die sich ganz natürlich ergeben, und bereit sein, sich in neue Situationen zu begeben, um andere Leute kennenzulernen.

Suchen Sie nach Menschen, die verschiedene Rollen in Ihrem Leben einnehmen können:

- ☐ Jemanden, der Sie aufmuntert, wenn Sie sich niedergeschlagen fühlen.
- ☐ Jemanden, der Sie moralisch unterstützt und an dessen Schulter Sie sich ausweinen können.
- ☐ Jemanden, der Sie konstruktiv und ehrlich kritisiert.
- ☐ Jemanden, der Ihnen praktische Informationen und Unterstützung geben kann.

Schreiben Sie auf, was Ihnen sonst noch wichtig ist:

☐ _____

☐ _____

☐ _____

☐ _____

☐ _____

☐ _____

☐ _____

☐ _____

☐ _____

Vorbereiten, vorbereiten, vorbereiten

Niemand bezweifelt, dass hinter jedem erfolgreichen Vorhaben gute Vorbereitung steckt. Egal ob Sie eine Rede halten oder in einer Band spielen, ohne regelmäßiges und zielgerichtetes Üben können Sie einfach keine guten Leistungen erbringen. Hier ist ein Aktionsplan, mithilfe dessen Sie Ihre Übungseinheiten verfeinern und Ihr Selbstvertrauen stärken können:

1. Überlegen Sie genau, welche Kompetenz Sie üben müssen. Wenn Sie sich wegen Ihrer sozialen Fähigkeiten unsicher sind, fragen Sie sich: »Was genau fehlt mir?« Fallen Ihnen vielleicht nicht genügend Themen ein, um ein Gespräch anzuregen? Oder haben Sie viel zu erzählen, wirken aber ausdruckslos oder distanziert, sodass andere gar nicht wissen, ob Sie an ihnen interessiert und aufmerksam sind? In diesem Fall müssen Sie Ihre nonverbalen Kommunikationsfähigkeiten trainieren. Wenn Sie sich auf eine Präsentation vorbereiten, müssen Sie vielleicht vor allem an einem fesselnden Einstieg oder am Umgang mit der Frage-und-Antwort-Runde arbeiten.
2. Experimentieren Sie mit der neuen Fähigkeit. Um beim Beispiel der nonverbalen Kommunikation zu bleiben, könnte »experimentieren« heißen, vor einem Spiegel zu üben oder sich filmen zu lassen. Manche Menschen profitieren davon, wenn sie anfangs übertreiben und später einen natürlichen Mittelweg finden. Das Feedback eines anderen kann ebenfalls helfen, auch wenn das anfangs womöglich etwas beängstigend ist.
3. Setzen Sie Ihre bildliche Vorstellungskraft ein, um sich auf das beste, das schlimmste und das wahrscheinlichste Szenario vorzubereiten. Wenn man sich ein unerwünschtes Ergebnis vorstellt und sich bewusst macht, dass man auch das überleben würde, beugt dies dem Stress gut vor.
4. Üben Sie wenn möglich in der realen Umgebung. Können Sie beispielsweise im Falle einer Präsentation den Veranstaltungsort vorzeitig aufsuchen, um sich ein Bild von den Gegebenheiten zu machen?
5. Wahrscheinlich werden sich die Fähigkeiten, die Sie üben müssen, im Laufe der Zeit ändern. Sobald Sie einen Bereich beherrschen, zeichnet sich ein neuer Bereich ab, auf den Sie sich konzentrieren müssen.
6. Sobald Sie sich vorbereitet haben, denken Sie nicht mehr darüber nach, was in der gefürchteten Situation passieren könnte.

Geduld haben

Persönliches Wachstum braucht mehr Zeit, als man meint. Dabei wird vielen gar nicht beigebracht, wie man Geduld entwickelt. Marketing und Werbung sind daran nicht ganz unschuldig: Uns wird die Idee verkauft, die schnelle Lösung sei die Norm. Selbst Bücher wie dieses, die versuchen, ein Thema so einfach wie möglich darzustellen, können ungewollt den Eindruck vermitteln, dass Veränderung ein Prozess ohne Schwierigkeiten ist. Wenn ich aber mit jemandem in der Expositionstherapie arbeite, sieht es in Wirklichkeit so aus, dass wir seine Hierarchie mehrmals verfeinern müssen. Unerwartete Rückschläge treten auf.

Denken Sie auch daran, dass sich viele Menschen im Laufe des Lebens immer wieder mit denselben Problemen konfrontiert sehen. Das soll Sie nicht entmutigen, sondern noch einmal betonen, dass das Leben schwer ist – und dass das normal ist. Oft werden wir immer wieder mit ähnlichen Herausforderungen konfrontiert. Wenn wir uns diesen Problemen und Ängsten stellen, machen wir zwar hoffentlich jedes Mal Fortschritte, sind aber eigentlich nie fertig. Lernen, wachsen und sich verändern ist ein lebenslanger Prozess.

Geduld kann in ganz alltäglichen Situationen kultiviert werden:

- Wenn Sie im Supermarkt in einer langen Schlange warten müssen.
- Wenn Ihr Kind »zu lange« braucht, um sich die Schuhe anzuziehen.
- Wenn Sie auf eine E-Mail-Antwort warten.

Wenn Ihre Geduld in einer Situation auf die Probe gestellt wird, betrachten Sie sie als Übung für größere Herausforderungen. Nutzen Sie sie als Gelegenheit für eine kurze Achtsamkeitsübung. Suchen Sie Blickkontakt zu einer anderen Person, und machen Sie sich bewusst, dass Sie sich gemeinsam in dieser Situation befinden. Gehen Sie im Geiste eine Liste der Dinge durch, für die Sie dankbar sind. Wenn Sie dann immer noch unzufrieden sind, seien Sie freundlich zu sich selbst. Erlauben Sie sich, die Frustration zu empfinden, achten Sie auf die Anspannung in Ihrem Körper, und versuchen Sie, diese Muskeln ein klein wenig zu lockern.

Eine Verpflichtung eingehen

Sich seinen Ängsten zu stellen, kann anfangs schwer sein, aber inzwischen haben Sie einige praktikable Techniken gelernt, die Ihnen diese Aufgabe erleichtern. Dennoch ist es schnell passiert, dass man sich im hektischen Alltagsleben ablenken lässt. Eine feste Verpflichtung kann Ihre Entschlossenheit stärken und Ihren Bemühungen Nachdruck verleihen. Rufen Sie sich zu Beginn den Nutzen der Auseinandersetzung mit Ihren Ängsten ins Gedächtnis.

Merima, die bosnische Einwanderin mit der Autofahrphobie, schrieb die folgenden Vorteile des Autofahrens auf:

- Ich werde unabhängiger sein. Ich gelange überallhin, ohne meinen Mann bitten zu müssen, mich zu fahren.
- Ich werde meinen Kindern vorleben, dass sie mit Herausforderungen umgehen können.
- Ich werde stolz auf mich sein, weil ich dieses Ziel erreicht habe.

Erinnern Sie sich an die Vorteile der Auseinandersetzung mit Ihren Ängsten:

_____

_____

_____

_____

_____

_____

_____

Anschließend überlegen Sie sich, was sich Ihnen bei der Einhaltung Ihrer Selbstverpflichtung in den Weg stellen könnte. Die üblichen Verdächtigen wären Emotionen, negative Selbstbotschaften, schlechte Angewohnheiten oder mangelnde Unterstützung.

Notieren Sie jedes Hindernis, dem Sie begegnen könnten. Danach schreiben Sie eine mögliche Lösung dazu. Zum Beispiel:

Mögliches Hindernis: Keine Zeit für meine Konfrontationsübungen, wenn die Kinder da sind.

Mögliche Lösung: Mit einer Mutter aus der Nachbarschaft Kinderbetreuung tauschen (mal nimmt sie die Kinder, mal ich).

Jetzt sind Sie an der Reihe:

Mögliches Hindernis:

_____

Mögliche Lösung:

_____

Mögliches Hindernis:

_____

Mögliche Lösung:

_____

Mögliches Hindernis:

_____

Mögliche Lösung:

_____

Schreiben Sie jetzt eine realistische Selbstverpflichtung auf, die sowohl die bereits aufgelisteten Vorteile als auch mögliche Hindernisse umfasst. Beispielsweise könnten Sie sich dazu verpflichten, dreimal pro Woche eine halbe Stunde Ihre Konfrontationsübungen zu machen. Oder Sie verpflichten sich etwas allgemeiner dazu, die in diesem Buch vorgestellten Übungen eine halbe Stunde pro Tag durchzuführen.

Meine realistische Selbstverpflichtung lautet:

_____

_____

_____

_____

_____

DER ANGSTFAKTOR: SICH SEINEN ÄNGSTEN STELLEN

Es versteht sich von selbst, dass die Konfrontation mit den eigenen Ängsten eine Menge, nun ja, Angst auslöst! Aber es ist wichtig, alle Widerstände zu überwinden, die Sie bei der Auseinandersetzung mit den Inhalten dieses Kapitels gespürt haben. Vielleicht haben Sie zum Beispiel eine schlechte Erfahrung mit einem Familienmitglied oder einem Freund gemacht, der dachte, der beste Weg, Sie von einer Angst zu »heilen«, sei, Sie zu zwingen, sich ihr auf einmal zu stellen. Das ist zwar nicht dasselbe ist wie die schrittweise Konfrontation, die Sie in diesem Kapitel kennengelernt haben, möglicherweise schreckt es Sie aber trotzdem von jeglicher Strategie ab, die eine Konfrontation mit Ihren Ängsten beinhaltet. Oder vielleicht haben Sie im Abschnitt über Krücken für das Selbstvertrauen (Seite 144) eigene Gewohnheiten wiedergefunden, wissen aber einfach nicht, wie Sie eine aufwühlende Situation ohne Ihr gewohntes Sicherheitsverhalten überstehen sollen. Schreiben Sie einige Ängste oder Bedenken bezüglich der Umsetzung der Ratschläge aus diesem Kapitel in Ihrem Leben auf.

_____

_____

_____

_____

_____

_____

Wenn Sie nun nicht begeistert sofort mit einer Konfrontationstherapie beginnen wollen, ist das völlig in Ordnung. Denken Sie daran, dass Sie die Konfrontationen auch in der Vorstellung umsetzen können. Sie könnten auch die Hilfe eines Psychologen in Erwägung ziehen, der Sie beim Durcharbeiten Ihrer Konfrontationshierarchie begleitet und Ihnen zusätzliche Empfehlungen geben kann. Und schließlich sollten Sie wissen, dass Ihr Selbstvertrauen durch das Absolvieren der ersten Schritte der Hierarchie sprunghaft wachsen wird, so beängstigend sich die Konfrontationstherapie anfangs auch anfühlen mag. Das In-Fahrt-Kommen vom Anfang macht die angstbesetzten Schritte viel einfacher, als sie einem vorher erscheinen.

Resümee zum Kapitelende

Herzlichen Glückwunsch! Nun verfügen Sie über einen ganzen Werkzeugkasten voller nützlicher Methoden zur Stärkung Ihres Selbstvertrauens. Wetten, dass Sie bereits begonnen haben, Ihr Leben ein wenig anders anzugehen? Vielleicht haben Sie damit begonnen, beim Abholen Ihres Kindes von der Schule Small Talk mit anderen Eltern zu machen oder gehen Gelegenheiten nach, von denen Sie vorher dachten, dass es sich sowieso nicht lohnen würde. Ein bisschen Wissen kann viel bewirken, aber jetzt liegt es an Ihnen, die erlernten Techniken auch weiterhin anzuwenden. Im nächsten Kapitel zeige ich Ihnen, wie Sie Ihr Selbstvertrauen lebenslang kultivieren.

HANDLUNGSEMPFEHLUNGEN

Hier nun einige konkrete Empfehlungen für die praktische Umsetzung der Lektionen und Grundgedanken dieses Kapitels:

1. Wenn soziale Situationen zu den größten Herausforderungen für Ihr Selbstvertrauen gehören, besuchen Sie die Website der Psychologin Ellen Hendriksen (auf Englisch): www.ellenhendriksen.com/mountains-to-molehills-challenge. Sie hat eine lange Liste von Herausforderungen mit moderatem Schwierigkeitsgrad für unter sozialen Ängsten leidende Menschen zusammengestellt, inklusive Übungen, die Ihnen helfen, im Mittelpunkt anderer zu stehen und über sich selbst zu sprechen.

2. Erzählen Sie einem Freund oder Familienmitglied von Ihrer Expositionshierarchie (aber nur, wenn Ihnen das nicht unangenehm ist!). Bitten Sie diese Person, sich zu vergewissern, dass Sie regelmäßig üben, und mit Ihnen zu feiern, wenn Sie etwas auf Ihrer Liste gemeistert haben.

3. Es klingt vielleicht komisch, aber wenn Sie mit Versagensängsten zu kämpfen haben, versuchen Sie, absichtlich Fehler zu machen. Stolpern Sie in der Öffentlichkeit oder sprechen Sie ein Wort bewusst falsch aus. Sie werden feststellen, dass Ihnen das nicht so peinlich sein wird, wie Sie befürchtet haben.

4. Suchen Sie im Internet nach »gescheiterten Lebensläufen«. Sie werden viele erfolgreiche

Menschen finden, die aufzählen, von welchen Schulen sie nicht aufgenommen wurden, wo sie mit einer Firmengründung gescheitert sind oder welche Arbeitsstellen sie nicht bekommen haben. Sie werden sehen, dass es keineswegs die Misserfolge sind, die einen Menschen ausmachen; sie sind lediglich ein Nebenprodukt, das entsteht, wenn man sich dem Leben aussetzt.

5. Setzen Sie sich das Ziel, die Krücken für Ihr Selbstvertrauen eine Weile beiseitezulegen. Halten Sie eine Woche lang durch, ohne an Ihrem Telefon herumzufummeln, oder kommen Sie eine Woche lang etwas früher zu allen Meetings und plaudern Sie mit Ihren Kollegen.

HALLO ICH HEISSE SELBSTVERTRAUEN

HALLO ICH HEISSE FREUNDLICHKEIT

HALLO ICH HEISSE MUT

HALLO ICH HEISSE INNERE RUHE

HALLO ICH HEISSE FREIHEIT

HALLO ICH HEISSE RESILIENZ

HALLO ICH HEISSE OFFENHEIT

HALLO ICH HEISSE DANKBARKEIT

HALLO ICH HEISSE STÄRKE

HALLO ICH HEISSE KREATIVITÄT

HALLO ICH HEISSE GROSSZÜGIGKEIT

HALLO ICH HEISSE GLÜCK

HALLO ICH HEISSE MITGEFÜHL

KAPITEL 8

NÄCHSTE SCHRITTE

· · · · · · · · · ·

**»DAS ZIEL IST NIE EIN ORT,
SONDERN EINE NEUE SICHTWEISE.«**

HENRY MILLER

Selbstvertrauen aufzubauen, läuft nicht nach dem Motto »Einmal hin, alles drin«. Man muss es immer weiter üben und wird ganz sicher seine Hochs und Tiefs erleben. An manchen Tagen geht alles schief. Man macht peinliche Fehler, kann seine Meinung nicht klar zum Ausdruck bringen, dann sind Leute unhöflich und man will einfach nur noch nach Hause und sich die Bettdecke über den Kopf ziehen.

Aber wenn sich solche Tage unweigerlich einstellen, denken Sie an die großen Ziele, auf die Sie hinarbeiten. Mehr Selbstvertrauen aufzubauen, führt zu weniger Angst, mehr Motivation, gestärkter Widerstandskraft und einem besseren Bewusstsein für sein authentisches Ich. Sie sind doch nicht der Typ, der all das wegen ein paar Rückschlägen aufgibt – Sie haben es nicht so weit geschafft, um dann einfach kehrtzumachen! Inzwischen wissen Sie, dass Fortschritt aus vielen kleinen Schritten besteht. Selbst wenn Sie das Gefühl haben, rückwärts zu gehen, können Sie immer noch auf die Grundlagen zurückgreifen und wieder den richtigen Kurs einschlagen.

DIE EINZELTEILE ZUSAMMENFÜGEN

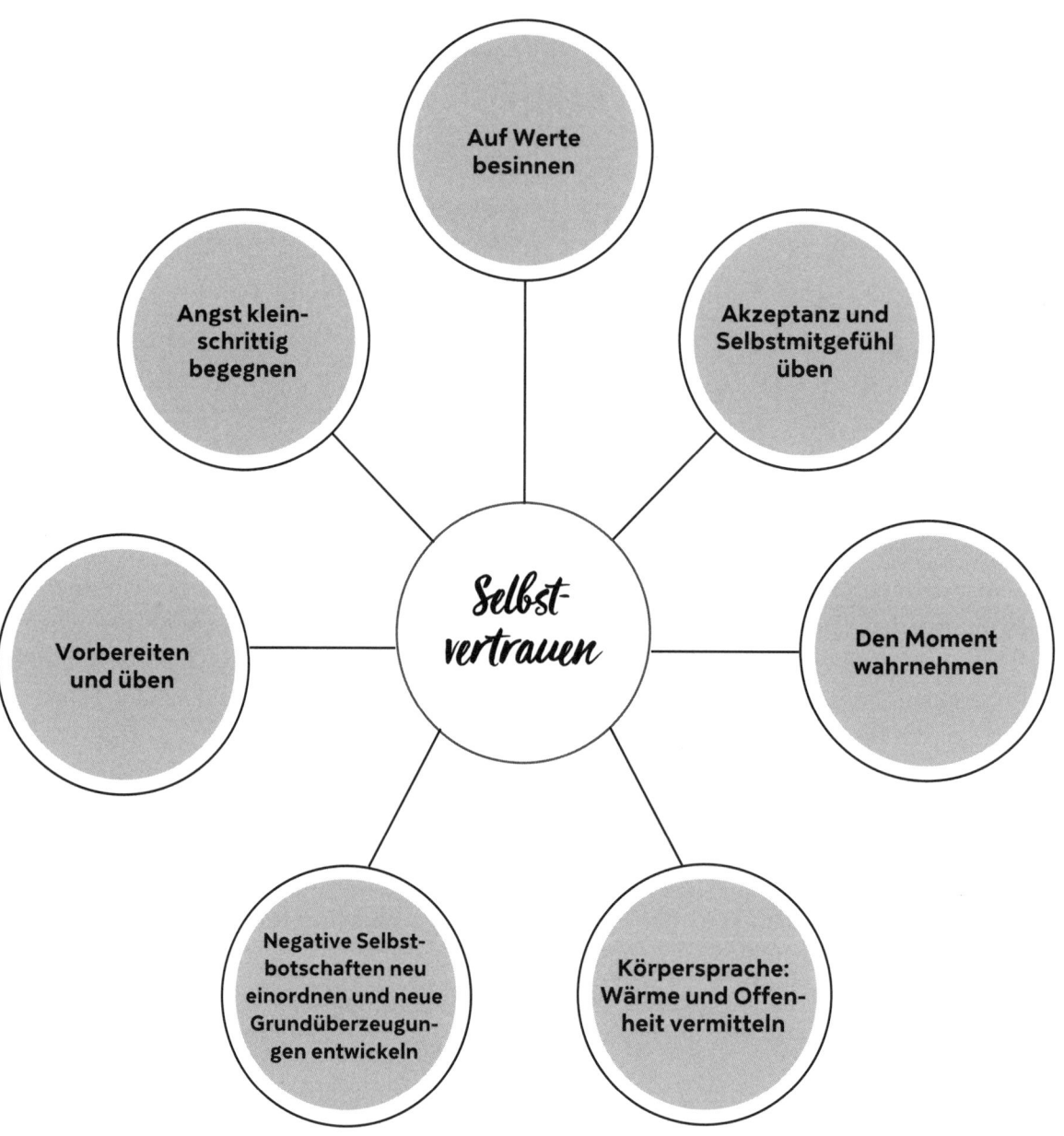

Auf Werte besinnen

Akzeptanz und Selbstmitgefühl üben

Angst kleinschrittig begegnen

Selbstvertrauen

Den Moment wahrnehmen

Vorbereiten und üben

Negative Selbstbotschaften neu einordnen und neue Grundüberzeugungen entwickeln

Körpersprache: Wärme und Offenheit vermitteln

Im Moment bleiben

Selbstvertrauen erwächst aus Aktivität und aktiv werden kann man nur in der Gegenwart. Sie wissen bereits, dass das ständige Durchspielen vergangener Fehler (weit hinaus über eine sachliche Kritik, aus der man etwas lernen kann) Sie vom Handeln abhält. Dasselbe gilt für das Grübeln über zukünftige Ereignisse.

Ich hoffe zwar, dass Sie am Ende dieses Buches energiegeladen sind und es kaum erwarten können, Ihre Ziele in Angriff zu nehmen, hoffe aber auch, dass Sie nicht so sehr mit der Jagd nach dem nächsten Erfolg beschäftigt sind, dass Sie das Wunderbare, das jetzt gerade, in diesem Moment, geschieht, nicht mehr wahrnehmen. Wenn Sie bemerken, dass Sie sich mit der Vergangenheit oder der Zukunft beschäftigen, greifen Sie auf das in Kapitel 4 Gelernte zurück. Werfen Sie außerdem einmal einen Blick in den Abschnitt »Weiterführende Informationen« (Seite 169), um mehr über Achtsamkeitstechniken zu lernen.

Langfristige Ziele entwickeln

Bei der Entwicklung langfristiger Ziele besteht der erste Schritt darin, sich einen Überblick über die bisher erzielten Fortschritte zu verschaffen. In Kapitel 1 haben Sie eine Selbstbewusstseinsskala ausgefüllt (Seite 31–32). Nehmen Sie sich jetzt etwas Zeit, um sie erneut auszufüllen, wobei Sie ein separates Blatt Papier oder einen Stift mit einer anderen Farbe verwenden sollten. Wenn Sie sich auch nur bei ein paar Übungen in diesem Buch redlich bemüht haben, möchte ich wetten, dass Ihre Antworten ein verbessertes Selbstvertrauen widerspiegeln. Notieren Sie Ihre Beobachtungen zu den Punkten, die sich verändert haben, und denen, die sich nicht verändert haben.

In Kapitel 2 haben Sie sich in verschiedenen Lebensbereichen, wie etwa Beruf und Familie, Ziele für Ihr Selbstvertrauen gesetzt. Überprüfen Sie nun die selbst gesteckten Ziele. Notieren Sie hier Ihre Fortschritte. Versuchen Sie dabei, nicht kleinzureden, wie weit Sie gekommen sind.

_____

_____

_____

Sie werden oftmals feststellen, dass Sie die durch die Lektüre des Buchs erworbenen Fähigkeiten auch in anderen Bereichen Ihres Lebens anwenden können. Erinnern Sie sich an die Frage, die ich Ihnen am Anfang des Buches gestellt habe: Was würden Sie tun, wenn Sie so viel Selbstvertrauen hätten, wie Sie wollen? Stellen Sie sich bloß einmal vor, welche Ziele Sie sich noch setzen könnten.

_____

_____

_____

Die Information, die Sie durch das erneute Ausfüllen der Selbstbewusstseinsskala und das Überdenken der Ziele aus Kapitel 2 gewonnen haben, hilft Ihnen bei der Planung langfristiger Ziele. Meiner Erfahrung nach ist es hilfreich, diese Pläne zeitlich zu bemessen.

Im nächsten Monat werde ich:

_____

_____

_____

In den nächsten drei bis sechs Monaten werde ich:

_____

_____

_____

Im nächsten Jahr werde ich:

_____

_____

Sie werden überrascht sein, welche Kraft es hat, wenn Sie Ihre Ziele schriftlich festhalten und regelmäßig überprüfen, ob Sie auf dem richtigen Weg sind. Wahrscheinlich stellen Sie fest, dass Sie potenzielle berufliche Chancen und Kontakte in Ihrer Umgebung viel aufmerksamer wahrnehmen, nur weil Sie sich selbst schriftlich verpflichtet haben, sich zu verbessern.

Rückschläge akzeptieren

Fortschritt ist selten linear. Oft kommen wir schon nach ein paar Schritten ins Straucheln. Nun brauchen Sie bei einem Rückschlag nicht gerade vor Freude in die Luft zu springen, aber nachdem Sie sich zunächst reflexhaft über das Problem geärgert haben oder enttäuscht waren, treten Sie einen Schritt zurück und fragen Sie sich: »Was kann ich hier lernen? Welche Möglichkeiten verbergen sich hinter diesem Hindernis?« Denken Sie daran, dass Sie im Laufe der Lektüre viele Fähigkeiten erworben haben, Fähigkeiten, die

Hindernisse in Chancen verwandeln

Situation:

_____

_____

_____

Gedanke (Was sage ich mir selbst?):

_____

_____

_____

_____

Gefühle (daraus resultierende Empfindungen):

_____

_____

_____

Wahrscheinlichkeit (Wie wahrscheinlich ist es, dass tatsächlich eintritt, was ich befürchte?):

_____

_____

_____

Konsequenzen, falls es wirklich eintritt (Wie schlimm wäre das?):

_____

_____

_____

Bewältigungsaussage (Was kann ich mir sagen, was wäre realistischer und ermutigender?):

_____

_____

_____

Ich werde folgende Maßnahme(n) ergreifen:

_____

_____

_____

Möglichkeit (Wie kann ich beim Umgang mit dieser Situation wachsen oder etwas lernen?):

_____

_____

LASSEN SIE SICH VON RÜCKSCHLÄGEN NICHT AUFHALTEN

Auf die folgenden Tipps können Sie zurückgreifen, wenn Sie auf Ihrem Weg zu mehr Selbstvertrauen auf Hindernisse stoßen. Sicher werden Sie feststellen, dass einige davon auf Konzepte zurückgehen, die wir bereits behandelt haben. Oft müssen wir etwas mehrmals lesen, bis wir es verstehen.

Mit Rückschlägen rechnen. Veränderungen brauchen Zeit. Häufig sind zudem mehrere Anläufe nötig. Beispielsweise benötigen die meisten Raucher fünf bis sieben Versuche, ehe sie es endlich schaffen, ganz aufzuhören. Waren diese Versuche Misserfolge oder waren sie Teil des späteren Erfolgs?

Den Stresspegel im Auge behalten. Nicht selten ist vermehrter körperlicher oder seelischer Stress der Grund, warum wir uns schwertun.

Selbstfürsorge betreiben. Weisen Sie Selbstfürsorgemaßnahmen höchste Priorität zu, indem Sie sie aufschreiben. Das geht schon fast in Richtung Grundsatzerklärung.

Dranbleiben. Wenn zu Ihrem Plan konkrete Aktivitäten gehören, etwa das Führen eines Gedankentagebuchs oder das Einüben von Achtsamkeit, dann hören Sie nicht damit auf, auch wenn es eigentlich gut läuft. Manchmal sind es gerade die guten Zeiten und gar nicht so sehr die schlechten, die uns überrumpeln.

Sich aufs Neue verpflichten. Rufen Sie sich Ihre Ziele und die Dinge ins Gedächtnis, die Ihnen wirklich wichtig sind. Verpflichten Sie sich erneut zu Maßnahmen, die mit Ihren Werten übereinstimmen.

Daran denken, dass Sie auch nur ein Mensch sind. Wir alle sind unvollkommen, das gehört zum Menschsein dazu. Erinnern Sie sich daran, dass Rückschläge jedem passieren.

Lachen Sie, so oft Sie können. Ein gestärkter Sinn für Humor kann eine große Hilfe dabei sein, die Höhen und Tiefen des Lebens zu meistern.

Holen Sie sich Unterstützung. Wenn Sie sich schlecht fühlen, weil Sie »es vermasselt haben«, ist Ihr erster Impuls vielleicht, sich zu verkriechen. Dabei ist es genau dann an der Zeit, auf andere zuzugehen und sich Unterstützung zu suchen.

Schenken Sie sich Anerkennung. Lassen Sie die bereits unternommenen Schritte Revue passieren, so klein Sie Ihnen auch erscheinen mögen.

Neu anfangen. Sie brauchen nicht bis morgen oder bis nächsten Montag warten, um das Richtige zu tun. Die Entscheidung, Ihre Pläne in die Tat umzusetzen, können Sie gleich jetzt treffen.

Ihnen im Umgang mit verschiedensten Rückschlägen helfen werden. Wenn man auf ein Hindernis stößt, bedeutet das zumindest, dass man unterwegs ist!

Das folgende Arbeitsblatt können Sie verwenden, wenn Sie auf Ihrem Weg zu mehr Selbstvertrauen mit einem Rückschlag konfrontiert werden. Viele in diesem Arbeitsbuch verwendeten Methoden kommen darauf vor.

WAS, WENN ES MEHR ALS NUR EIN RÜCKSCHLAG IST?

Was, wenn Sie feststellen, dass Ihr Selbstvertrauen auf ein Allzeittief gesunken ist, obwohl Sie die Ratschläge in diesem Buch nach Kräften befolgt haben? Zuallererst sollten Sie wissen, dass es nicht Ihre Schuld ist. Es ist tapfer von Ihnen, sich Ihre Probleme einzugestehen. Bitte sprechen Sie mit einer Person, der Sie vertrauen, über Ihre Gefühle. Mit jemandem zu reden, hilft oft schneller wieder auf den richtigen Weg, als man erwarten würde. Wenn in Ihrer unmittelbaren Umgebung niemand diese Rolle erfüllen kann, suchen Sie sich einen guten Psychologen. Das empfiehlt sich bei dem ganzen Thema Selbstvertrauen generell; viele liebe Menschen können uns zwar den Raum geben, gelegentlich Dampf abzulassen und Situationen zu verarbeiten, haben aber nicht die Möglichkeit, uns aus den tiefsten Abgründen herauszuhelfen. Im Abschnitt »Weiterführende Informationen« finden Sie Hinweise für die Suche nach psychologischer Unterstützung (Seite 169). Sie verdienen Selbstvertrauen und den Frieden und das Glück, die damit einhergehen, wie alle anderen auch. Ein fürsorglicher Therapeut kann hier wahre Wunder bewirken.

WEITER ÜBEN

Selbstvertrauen ist ein wenig wie ein Muskel: Wenn man aufhört zu üben, stellt man fest, dass man schwächer wird. Beschäftigen Sie sich eine Weile mit den Notizen, die Sie sich zu diesem Arbeitsbuch gemacht haben. Von welchen Techniken haben Sie am meisten profitiert? Hat Ihnen beispielsweise die Bauchatmung geholfen, Ihren Körper zu beruhigen? Üben Sie diese Technik noch, wenden Sie sie weiter an – oder haben Sie das versanden lassen? Wie sieht es mit dem Protokollieren Ihrer Gedanken aus? Führen Sie das Gedankentagebuch weiter? Das muss nicht jeden Tag sein, aber es ist gut, wenn man es immer wieder einmal tut, damit man merkt, wenn sich wieder fehlerhafte Denkweisen einschleichen. Fordern Sie sich immer noch dazu heraus, sich furchterregenden Situationen zu stellen?

Nehmen Sie sich nun die Zeit, selbst einen Werkzeugkasten für Selbstvertrauen zusammenzustellen, indem Sie das Buch Kapitel für Kapitel durchgehen und notieren, auf welche Fähigkeiten, Techniken und Ideen Sie sich in Zukunft konzentrieren möchten. Schreiben Sie sie hier auf und ordnen Sie sie anschließend nach ihrer Nützlichkeit.

_____

_____

_____

_____

_____

_____

_____

_____

Ein letzter Vorschlag ist, einen Termin pro Woche festzulegen, an dem Sie dieses Arbeitsbuch erneut durchsehen. Gestalten Sie diese Zeit so, dass Sie sich darauf freuen. Machen Sie sich eine Tasse Tee oder ein anderes Lieblingsgetränk und legen Sie Musik auf, die Sie in eine positive Stimmung versetzt. Lesen Sie sich besonders hilfreiche Abschnitte noch einmal durch und machen Sie sich Notizen zu Bereichen, auf die Sie sich in der kommenden Woche konzentrieren möchten.

DIE WELT BRAUCHT SIE ALS SELBSTBEWUSSTE PERSON

> »WER SEIN POTENZIAL ENTDECKT UND AUF SEINE
> FÄHIGKEITEN VERTRAUT, KANN EINE BESSERE WELT GESTALTEN.«

DALAI LAMA

Denken Sie einmal an jemanden, der in Ihrem Leben viel bewirkt hat, ganz egal, ob er es weiß oder nicht. Vielleicht ist es eine Freundin oder ein Partner, der Sie zum Lächeln bringt, wenn Sie es am meisten brauchen. Vielleicht ist es ein Songwriter, dessen Musik Sie wirklich berührt und Sie durch schwere Zeiten bringt. Oder vielleicht ist es eine bekannte Persönlichkeit an Ihrem Ort oder eine Lebensgeschichte, deren Botschaft, Vision und Engagement Sie zum Weitermachen inspiriert.

Nun stellen Sie sich eine andere Welt vor – eine, in der diese Person beschlossen hat, sich überhaupt nicht zu zeigen. Stellen Sie sich vor, Ihr Partner hätte nie den Mut gehabt, Sie um eine Verabredung zu bitten, weil er Angst hatte, einen Korb zu bekommen. Stellen Sie sich vor, Ihr Lieblingssongwriter hätte nie ein Album veröffentlicht, weil er seine Musik einfach nicht für gut genug hielt. Und stellen Sie sich vor, die inspirierende Persönlichkeit an Ihrem Ort hätte nie den Mut gehabt, für die Prinzipien einzutreten, die Ihnen so wichtig sind.

Fast alles, was Sie im Leben schön oder angenehm finden, existiert, weil jemand anderes beschlossen hat, es ins Leben zu rufen – auch für Sie. Die Menschen, die das schufen, spürten vermutlich auch nagende Selbstzweifel oder vielleicht sogar fast lähmende Angst vor dem, was sie taten, wurden aber von ihren Werten getragen. Sie traten aus der Tür, stellten sich der Aufmerksamkeit und Kritik für ihre Bemühungen und machten die Welt dadurch zu einem besseren Ort.

Sie können genauso mutig sein wie Ihre Helden. Mit den in diesem Buch vorgestellten Mitteln sind Sie bestens dafür gerüstet, Ihr Licht nicht länger unter den Scheffel zu stellen. Sie wissen, welche sinnvollen Schritte Sie auf dem Weg zu den Ihnen am Herzen liegenden Werten unternehmen können, ganz gleich, was Ihr innerer Kritiker sagt. Ihr neu gewonnenes Selbstvertrauen ist der Schlüssel, der den Käfig aufschließt, in dem Ihre einzigartigen Gaben so lange gefangen waren. Jetzt können Sie sie anderen zeigen – und jedes Mal, wenn Sie das tun, wird die Welt dadurch ein bisschen besser. Wir anderen sind dankbar, dass Sie sich entschieden haben, gesehen zu werden.

WEITERFÜHRENDE INFORMATIONEN

Achtsamkeit

Brach, Tara: *Nach Hause kommen zu sich selbst*. Burgrain 2014.

Epstein, Mark: *Advice Not Given*. New York 2018.

Harris, Dan: *Wie ich die entscheidenden 10 % glücklicher wurde: Meditation für Skeptiker*. München 2016.

Nichtern, Ethan: *In dir selbst zu Hause sein*. Freiburg i. Br. 2015.

Salzberg, Sharon: *Entdecke die Kraft der Meditation*. München 2013.

Besprechung von Meditations-Apps: www. healthline.com/health/mental-health/top-meditation-iphone-android-apps; deutsche Alternative: Test und Vorstellung einiger Meditations-Apps: https://www.sueddeutsche.de/digital/smartphone-meditations-apps-und-das-handy-macht-om-1.3103312

Ängste

Boyes, Alice: *The Anxiety Toolkit*. New York 2015.

Hendriksen, Ellen: *How to Be Yourself*. New York 2018.

Markway, Barbara; Carmin, Cheryl; Pollard, C. Alec und Flynn, Teresa: *Dying of Embarrassment*. Oakland 1992.

Markway, Barbara und Markway, Gregory: *Frei von Angst und Schüchternheit*. Weinheim und Basel 2003.

Anxiety and Depression Association of America: adaa.org; deutsche Alternative für Ängste: Deutsche Angsthilfe e. V.: https://www.angstselbsthilfe.de; Forum für Menschen mit sozialen Phobien: https://www.sozcafe.de/

Akzeptanz-und-Commitment-Therapie

Harris, Russ: *Wer dem Glück hinterherrennt, läuft daran vorbei*. München 2013.

Hayes, Steven C.: *In Abstand zur inneren Wortmaschine*. Tübingen 2007.

Depression

Borchard, Therese: *Beyond Blue*. New York 2009.

Goldstein, Elisha: *Der Weg zurück ins Glück*. Freiburg i. Br. 2016.

Bücher aus Deutschland:

Hegerl, Ulrich und Niescken, Svenja: *Depressionen bewältigen: Die Lebensfreude wiederfinden*. Stuttgart 2013.

Pitschel-Walz, Gabriele: *Lebensfreude zurückgewinnen. Ratgeber für Menschen mit Depressionen und deren Angehörige*. München 2018.

Internet:

Liste hilfreicher weiterführender Literatur zum Umgang mit Depressionen: www.everydayhealth.com/depression/guide/resources; für Deutschland: Deutsche Depressionshilfe: https://www.deutsche-depressionshilfe.de/start; Deutsche Depressionsliga: https://www.depressionsliga.de/informationen/informationen.html

Hilfe finden

Für Deutschland:

Hiss, Paul: *Finden Sie Ihren Therapeuten. Tipps für die erfolgreiche Therapieplatzsuche*: https://www.therapie.de/psyche/info/fragen/psychotherapeuten-finden/tipps-therapeutensuche/

Psychotherapie-Informationsdienst: *Fragen & Antworten*, https://www.psychotherapiesuche.de/pid/faq

Telefonseelsorge rund um die Uhr und kostenfrei unter 0800 1110111 oder 0800 1110222

Introvertiertheit

Cain, Susan: Still: *Die Bedeutung von Introvertierten in einer lauten Welt*. München 2011.

Cain, Susan: » The Power of Introverts «. TED Talk, Februar 2012, https://www.ted.com/talks/susan_cain_the_power_of_introverts/transcript (Deutsches Transkript und deutsche Untertitel verfügbar.)«

Körperbild und Essstörungen

Bacon, Linda: *Health at Every Size*. Dallas 2008.

Fain, Jean: *The Self-Compassion Diet*. Boulder 2011.

Bücher aus Deutschland:

Feistner, Renate: *Essstörungen – Heilung ist möglich*. Stuttgart 2018.

Leibl, Carl; Wach, Gislind und Voderholzer, Ulrich: *Hilferuf Essstörung: Rat und Hilfe für Betroffene, Angehörige und Therapeuten*. Stuttgart 2018.

Internet:

National Eating Disorders Association: nationaleatingdisorders.org; für Deutschland: Bundesverband Essstörungen https://www.bundesfachverbandessstoerungen.de

Kognitive Verhaltenstherapie

Boyes, *Alice*: »50 Common Cognitive Distortions«. *Psychology Today*, January 17, 2013, www.psychologytoday.com/us/blog/in-practice/201301/50-common-cognitive-distortions

Boyes, Alice: *The Healthy Mind Toolkit*. New York 2018.

Gillihan, Seth: *Kognitive Verhaltenstherapie leicht gemacht*. Paderborn 2021.

Gillihan, Seth: *Sei dein eigener Therapeut*. Kulmbach 2018.

Resilienz

Hanson, Rick mit Hanson, Forrest: *Das resiliente Gehirn*. Freiburg i. Br. 2019.

Selbstmitgefühl

Brach, Tara: *Mit dem Herzen eines Buddha*. München 2005.

Germer, Christoph: *Der achtsame Weg zur Selbstliebe*. Freiburg i. Br. 2010.

Neff, Kristin: *Selbstmitgefühl*. München 2012.

Neff, Kristin und Germer, Christopher: *Selbstmitgefühl - Das Übungsbuch*. Freiburg i. Br. 2019.

Internet:

Weiterführende Informationen zu Selbstmitgefühl, inklusive Selbsttest: self-compassion.org; deutsche Alternative: achtsam leben: https://www.achtsamleben.at/selbstmitgefuehl/self-compassion-scale/

Selbstvertrauen

Cuddy, Amy: *Ohne Worte alles sagen*. München 2020.

Harris, Russ: *Der Weg zu echtem Selbstvertrauen*. Freiburg i. Br. 2014.

Kay, Katty und Shipman, Claire: *Confidence Code*. München 2016.

Kay, Katty und Shipman, Claire: *The Confidence Code for Girls*. New York 2018.

Stress

McGonigal, Kelly: *Glücksfaktor Stress*. Stuttgart 2018.

McGonigal, Kelly: »How to Make Stress Your Friend«, TED Talk, Juni 2013. https://www.ted.com/talks/kelly_mcgonigal_how_to_make_stress_your_friend/transcript (Deutsches Transkript und deutsche Untertitel verfügbar.)

QUELLEN

Altucher, James: *Choose Yourself.* Scotts Valley 2013.

Beck. Aaron T.: *Wahrnehmung der Wirklichkeit und Neurose.* München 1979.

Bennion, Lowell L.: *Religion and the Pursuit of Truth.* Salt Lake City 1968.

Brown, Brené: *Verletzlichkeit macht stark.* München 2013.

Cain, Susan: *Still.* München 2011.

Card, Orson Scott: *Sprecher für die Toten.* Bergisch-Gladbach 1988.

Center for Growth: »Common Cognitive Distortions«, https://www.therapyinphiladelphia.com/tips/common-cognitive-distortions

Creswell, J. David; Welch, William T.; Taylor, Shelley E.; Sherman, David K.; Gruenewald, Tara L. und Mann, Traci: »Affirmation of Personal Values Buffers Neuroendocrine and Psychological Stress Responses«. *Psychological Science* 16, Nr. 11 (November 2005): 846–51.

Cuddy, Amy: *Ohne Worte alles sagen.* München 2020.

Cuddy, Amy: »Your Body Language May Shape Who You Are«, aufgezeichnet im Juni 2012 bei TEDGlobal. Video, 20:56, https://www.ted.com/talks/amy_cuddy_your_body_language_shapes_who_you_are

Dalai Lama: Twitter-Post, 17. Januar 2011, https://twitter.com/dalailama/status/26941573090508800

Dweck, Carol: *Selbstbild.* Frankfurt a. M. 2007.

Ellis, Albert: *Overcoming Destructive Beliefs, Feelings and Behaviors: New Directions for Rational Emotive Behavior Therapy.* Amherst, NY 2001.

Furtick, Steven. Twitter-Post, 10. Mai 2011, https://twitter.com/stevenfurtick/status/67981913746444288

Thich Nhat Hanh: *Der furchtlose Buddha.* München 2013.

Harris, Russ: *Der Weg zu echtem Selbstvertrauen.* Freiburg i. Br. 2014.

Harris, Russ: »Embracing Your Demons: An Overview of Acceptance and Commitment Therapy«. *Psychotherapy in Australia* 12, Nr. 4 (August 2006): 2–8.

Hendriksen, Ellen: *How to Be Yourself.* New York 2018.

Ilardi, Stephen: *Depression ist heilbar.* München 2011.

Jeffers, Susan: *Embracing Uncertainty.* New York 2003.

Johnson, Elizabeth: »Carrie Fisher Talks about Mental Illness and Career«. *Sarasota Herald-Tribune,* 20. April 2013, http://health.heraldtribune.com/2013/04/20/14065

Kabat-Zinn, Jon: *Gesund und stressfrei durch Meditation.* München 1991.

Kaiser Permanente Medical Group: »Distorted Thinking«, https://mydoctor.kaiserpermanente.org/ncal/Images/Done-Distorted%20Thinking_tcm75-461044_tcm75-461044.pdf

Kaling, Mindy: *Why Not Me?* New York 2015.

Kay, Katty und Shipman, Claire: *Confidence Code.* München 2016.

King, Stephen: *Das Leben und das Schreiben.* München 2000.

Kluger, Jeffrey: »The 2010 Time 100: Edna Foa«. *Time Magazine,* 29. April 2010, http://content.time.com/time/specials/packages/artcle/0,28804,19846851984745_1985506,00.html

Kowan, Joe: »How I Beat Stage Fright«, aufgezeichnet im Januar 2014 bei TED@State Street Boston. Video, 8:03. https://www.ted.com/talks/joe_kowan_how_i_beat_stage_fright

Lidsky, Isaac: *Eyes Wide Open.* New York 2017.

Linehan, Marsha: *Trainingsmanual zur dialektisch-behavioralen Therapie der Borderline-Persönlichkeitsstörung.* München 1996.

Markway, Barbara und Markway, Gregory: *Frei von Angst und Schüchternheit.* Weinheim und Basel 2003.

McGonigal, Kelly: *Glücksfaktor Stress.* Stuttgart 2018.

Miller, Henry: *Big Sur und die Orangen des Hieronymus Bosch.* Hamburg 1958.

Rogers, Carl R.: *Entwicklung der Persönlichkeit.* Stuttgart 1973.

Salahub, Jill: »Self-Compassion Saturday: Kristin Noelle«, *A Thousand Shades of Gray.* 7. September 2013, https://thousandshadesofgray.com/2013/09/07/self-compassion-saturday-kristin-noelle.

Salzberg, Sharon: *Entdecke die Kraft der Meditation.* München 2013.

Salzberg, Sharon: *Wahre Liebe.* München 2017.

Segal, Zindel: »The Mindful Way through Depression«, aufgezeichnet im Januar 2015 bei TEDxUTSC. Video, 18:05, https://www.mindful.org/the-mindful-way-through-depression-video/

Van Gogh, Vincent: Letter from *Vincent van Gogh to Theo van Gogh: Drenthe, 28 October 1883,* http://www.webexhibits.org/vangogh/letter/13/336.htm

Walsch, Neale Donald: Twitter-Post, 23. Juli 2016, https://twitter.com/realndwalsch/status/756942147119611904

Walton, Alice G.: »Where Does Self-Confidence Come From?«, *Forbes,* 10. Juni 2011, https://www.forbes.com/sites/alicegwalton/2011/06/10/where-does-self-confidence-come-from

Zabelina, Darya L., and Michael D. Robinson: »Don't Be So Hard on Yourself: Self-Compassion Facilitates Creative Originality among Self-Judgmental Individuals«. *Creativity Research Journal* 22, Nr. 3 (2010): 288–93, https://doi.org/10.1080/10400419.2010.503538

Ziglar, Zig: *Biscuits, Fleas, and Pump Handles.* Dallas 1974.

DANK

Wir möchten uns bei unserer Lektorin Susan Randal für ihre Unterstützung bei diesem Projekt bedanken. Überaus dankbar sind wir außerdem Greg Markway, der unsere Entwürfe las und uns darauf hinwies, wenn es zu rührselig wurde. Jesse Markway, talentiert und zur rechten Zeit am rechten Ort, ist das Bindeglied zwischen uns, das dieses Buch möglich gemacht hat. Und auch wenn Celia scherzt, dass ihre inneren Kritiker Negative Nancy und Neil heißen, so ist es doch in Wirklichkeit so, dass ihre Eltern, Nancy March und Neil Ampel, ihren Traum, ein Buch zu schreiben, immer unterstützt haben.

ÜBER DIE AUTORINNEN

BARBARA MARKWAY, PHD, hat beinahe 30 Jahre Berufserfahrung als Psychologin und ist Autorin von vier Büchern. Ihr erstes Buch, *Dying of Embarassment*, wurde in einer von *Professional Psychology, Research and Practice* veröffentlichten Studie als eins der wissenschaftlich fundiertesten Selbsthilfebücher auf dem Markt bezeichnet. Sie ist in *Good Morning America* und der *Today Show* aufgetreten und wurde in der PBS-Dokumentation *Afraid of People* vorgestellt. Ihr Werk wurde in der *New York Times, Chicago Tribune, Washington Post, Prevention, Essence, American Health, Real Simple, Live Happy* und *Business Insider* publiziert. Sie war überall in den USA bei Radiosendern zu Gast und bloggt für *Psychology Today*. Mit ihrem Ehemann Greg lebt sie in St. Louis, Missouri. Mehr Informationen über Dr. Markway finden Sie auf ihrer Internetseite BarbaraMarkway.com.

CELIA AMPEL ist Autorin, deren Werk in Miami Herald, South Florida Business Journal, Daily Business Review und weiteren Publikationen veröffentlicht wurde. Sie lebt in Miami, Florida.

1. Auflage 2021
© 2021 by Yes Publishing – Pascale Breitenstein & Oliver Kuhn GbR
Türkenstraße 89, 80799 München
info@yes-publishing.de
Alle Rechte vorbehalten.

Die amerikanische Originalausgabe erschien 2018 bei Althea Press, einem Imprint von Callisto Media, Inc.,
unter dem Titel *The Self-Confidence Workbook. A Guide to Overcoming Self-Doubt
and Improving Self-Esteem.* © 2018 by Althea Press, Emeryville, Kalifornien. All rights reserved.

Redaktion: Mihrican Özdem
Umschlaggestaltung: Ivan Kurylenko (hortasar covers)
Layout und Illustrationen: Merideth Harte
Satz: Müjde Puzziferri, MP Medien, München
Druck: Florjancic Tisk d.o.o., Slowenien
Printed in the EU

ISBN Print 978-3-96905-087-3
ISBN E-Book (EPUB, Mobi) 978-3-96905-089-7
ISBN E-Book (PDF) 978-3-96905-088-0